映画の切り札

ハリウッド映画編集の流儀

上綱麻子

星海社

305
SEIKAISHA
SHINSHO

「映画編集者って実際に何をする人？」と不思議に思っている人はたくさんいると思う。アメリカで編集者として身を立てて二十年になる私でさえ正直、答えに苦しむところだ。強いて言えば映像素材を切る人、繋げる人、聴く人、読む人。映像そのものを計算、調合、調理して観客の映画体験を豊かにする人。一つの定義では説明できない不可解な職種ではある。

映画編集を「脚本通りに撮影された素材を編集して繋ぎ合わせる作業」と言ってしまえば確かにそうかもしれない。しかし一つの脚本を十人の監督が演出すれば十本の異なる感性の映画が出来上がるのと同様に、一つの映画を十人の編集者が編集すれば十本の違う映画が出来上がる。それだけではない。編集者の手腕によって感動レベルも左右されてしまうものなのだ。感動に良し悪しはない。感動に言葉は必要ない。感動に説明はいらない。

感動は手で摑むことができなければ、測ることもできない。しかし映像を「切る」ことによって感動の度合いを調合して操り、人の心を「動かす」反応を引き起こすのが編集者の仕事なのだ。それはまさにある種のマジック（魔法）だと、私は思っている。

誕生して百年たらずの映画が生んだ唯一の新しい芸術形式が映画編集であることも忘れてはならない。そして映画は、編集なしでは存在しない。

映画編集者は毎日、暗い部屋の中で何百時間分にもなる膨大な映像素材を（しかもテイクごとに異なる芝居を）隅々まで検討、分析、厳選、アレンジしながら、上映可能な二時間たらずの作品に落とし込んでいく。何ヶ月も（場合によっては何年も）未知なる可能性をもった未完成の映画と向き合い、試行錯誤しながらシーンごとに喜怒哀楽を組み合わせては壊し、また立て直していく努力を続けている。ロシアの映画監督アンドレイ・タルコフスキー曰く、映画という芸術は〝時間の彫刻〟。二時間という限られた時間の中で、観る人の心を動かし、躍らせ、時には泣かせる映像体験をクリエイトするために時間という素材をひたすら練り、切り、刻み、「1＋1＝2」の常識を超えた「1＋1＝3」の魔法をかける。

編集者は、それを可能にする魔術師でなければならないのだ。

ではなぜ映画にとってこれほど大切な技術を、第94回アカデミー賞で米映画芸術科学アカデミーが編集賞部門を主要授賞部門の生中継から除外したのか？　映画芸術科学を奨励すべき組織のこの侮辱的行為に米映画業界の編集者たちが一斉に抗議した時、私自身、アカデミー宛に手紙を書き「アカデミー会員であることが恥ずかしい」と非難したほどだった。この失態とも言える事件は、映画業界の人間さえも映画編集についての認識と知識がどれだけ乏しいかを露呈させてしまったのである。

実際アメリカでは、映画編集はインビジブル・アート（Invisible Art）、つまり、見えない技術と言われている。これはおそらく、魔術師が魔法の種を明かさないのと同じように、編集者たちも自分のトリックはなるべく表に出さず、常に陰の傀儡師《くぐつし》的存在として扱われてきたからだろう。しかし、見えないことは知らないこと（ignorance）。見ないことは無視する（ignore）こと。隠れたままでいては、映画産業のためにも映画鑑賞のためにもならない時代になってきた。今まで見えなかった技術を見せるときが遂に来たと痛感させられたのが、本書を執筆した動機でもある。

そしてもう一つの動機となる事件が、実は数年前にハリウッドで起こっていた。

2020年、私がアカデミー会員として作品賞に初めて投票したのが韓国映画『パラサイト 半地下の家族』。ご存じの通り、その年この映画は見事、非英語作品として初めて作品賞を受賞。それこそインビジブルだったアジアの映画作品がハリウッドに勝る技術で堂々と頂点に立ち、欧米の映画産業の優越性を覆すという歴史的な出来事に、私は武者震いした。

高校を中退して映画監督を志して単身渡米以来、アジア人であるがゆえに閉ざされ続けてきた扉を意識しながら魑魅魍魎《ちみもうりょう》の跋扈《ばっこ》するハリウッドに我武者羅《がむしゃら》に体当たりして走り続け、幸いにもマイケル・マンやバリー・レヴィンソンなどの巨匠監督たちとの出逢いに恵まれ、彼らに欧米映画の何たるかを学び鍛え上げられてきた。気がつけば自身が編集した映画が米アカデミー賞にノミネートされた実績が認められて会員となったまさにその年に、

『パラサイト 半地下の家族』がアカデミー賞四冠に輝いたのだ。アジア人によるアジアの映画が勝ち取ったこの前代未聞の栄光は、日本人として誇らしかった。この快挙によって急速にアジア熱が高まり、ハリウッドの扉がアジアへ大きく開かれつつある今日……。

アジア人、そして日本人であることがハンディキャップであった時代から、今やアジア人であることがアドバンテージとさえなりつつある米映画業界。ダイバーシティ、つまり〝多様性〟の風潮が日々強くなっている中で、今まで白人社会から無視されがちだったアジア人の視点、感性、才能と貢献が見直されている。そんな進化が著しい環境の中で、私たち日本人は今後どのような映画人生を目指すべきなのか。やっと訪れたチャンスを大いに活用するには、私たちこそどう進化するべきなのか。アジア旋風が巻き起こるグローバル市場で日本の映画業界がどのように対応し、世界という土俵で勝負するにはどんな邦画を作るのか、そして作るべきなのか。日本人としての誇りと主張をいかに映画作品に導入し、反映すべきなのか。そんなことを一緒に真剣に考える同志へ呼びかけることも、本書を執筆した動機の一つである。

「優れた編集技師は陰の監督」とよく囁かれるように、確かに膨大な映像素材が持つ無限の可能性からベストな演出をさらに引き出す作業を担う編集者は監督の鏡、いわば影武者である。支え合うこともあれば、時には競い合うこともある。振り返れば、このハリウッドという弱肉強食の社会で、今まで映画編集者として生き残ってこられたのは日本人映画監督としての自分が存在したからだと思えてならない。ひょっとすると本書は、編集者と監督としての著者が自問自答しながら取り止めのない会話をしているだけの記録なのかもしれない。

いずれにせよ本書はあくまでハリウッドで悪戦苦闘した実体験を基に、私なりの思考や哲学を綴ったもので、教材ではないことだけは前もってお断りしておきたい。「1＋1＝3」の映画を創り上げる映像編集という、いまだ得体の知れない技術の全容を読者の皆様と共有することで、映画の魔術に魅せられ、「自分も映画編集にチャレンジしてみたい」と願う人間が一人でも増えてくれれば、本望である。

目次

第2章

映画編集の知られざる魔術 122

編集秘法 #5 画は化けてこそ、映える

編集の基礎文法

第3章

映画が映し出すものの正体 280

黒幕はジブル

第1章 映画のインビ

編集者の独り言

巨匠からの二度目のオファー

2022年の8月末、新型コロナウイルスによる自粛生活の二年間を経て、久しぶりの家族旅行のために日本へ一時帰国していた頃、私が所属している米芸能事務所のエージェントから「X監督が彼の新作についてマコと話がしたいらしい。脚本を読んでみるか?」との連絡が入った。

「X」と名前を伏せた監督は、すでに数々のアカデミー賞受賞の名作を手掛けてきたハリウッドの巨匠の一人である。彼が過去に演出を手がけた俳優たちは、アル・パチーノ、ロバート・レッドフォード、ロバート・デ・ニーロ、ダスティン・ホフマン、トム・クルーズ、ロビン・ウィリアムズ、ウォーレン・ベイティ、マイケル・ダグラスなど、錚々たる顔ぶれ。彼の新作映画は本書が出版される頃には劇場公開されているはずだったが、2023年夏に起きたハリウッドの労働組合のストライキの影響で公開が大幅に延期されてしまったことから、ここでは匿名で紹介することにした。未公開の映画について本書で語る内容はあくまで筆者個人の体験談、そして編集技術を説明する上での例として参考にしていただきたい。

さて、そのX監督の新作は実際に起きたマフィア事件の真相を探るギャング映画。その主演を務める役者も有名なハリウッド俳優「Z」(同様に匿名とする)。同じくプロデューサーも脚本家もそれぞれアメリカの映画史に残る名誉ある大御所たちで、まさに黄金期のハリウッドを彷彿とさせるスタッフだった。そんな大それた映画著名人の中に私のような別世界で別世代、しかも日本人女性が参加できるというこの上ないチャンス。脚本など読まずとも、ふたつ返事で仕事のオファーを承諾してもいいはずが、私はエージェントに、「まずは脚本を読ませてほしい」と返事をした。

実は数年前、X監督から別の映画編集の仕事のオファーを頂いたことがあったのだ。その作品も私の尊敬する実力派俳優のオンパレード。にもかかわらず、恐れ多くもその映画の編集オファーを私は辞退していた。

断った理由は脚本にあった。

映画の脚本とは

ハリウッドで良いとされる映画の脚本を表現する決まり文句がある。それは"It's a page-turner"。物語にのめり込んで興奮のあまり「ページをめくる手が止まらない」という意味である。脚本にはまさに文字通り、脚がある。そしてそれは作品が走るためのものでなければならない。

私にとっての編集は撮影後ではなく撮影前からスタートする。「撮影も開始されていないのに何をどう編集するのか」と聞かれると返事は一つ。脚本だ。脚本しかない。では脚本を編集するとは一体どういうことなのか？

まずは映画脚本について、私が叩き込まれた「アメリカ式基本ルール」について説明しよう。

「眼に見えるものだけを書け」

遠い昔、ニューヨーク大学大学院映画科の脚本の授業で聞かされて頭にこびりついているこの教訓。これには実に苦心した。なぜなら登場人物の心情を読み手に「伝えたい、語りたい」の一心で、つい内面的なことを延々と文体で説明する悪い癖があったからだ。従って、私の脚本は映画ではなく小説に近かった。これでは読者の視覚に訴えるドラマは生まれにくい。

登場人物の精神状態を言葉で説明するのではなく、全て眼で捉えることのできる「仕草・動作・行為」で表現するというのが西洋、特にアメリカ式スタイルである。登場人物の心理を行動によって反映させることで観る人の眼は動き、画《え》が動き、心が動く。映画は言葉やセリフに頼らず、アクションとリアクションの連鎖で成り立つ旋律のようなもの（そういう意味では音楽により近いものなのかもしれない）で、脚本は観客が眼で見て解読できることを前提として書くことを鉄則としている。

「常に新しい情報を提供せよ（同じことを繰り返すな）」

この教えも私が日本人だからか、理解に非常に苦しんだ。ある現象が繰り返されること自体に詩情を覚える感性、つまり「繰り返されること」の意義と美学を、なぜ欧米人は毛嫌いするのだろう？　物事を繰り返すことをネガティブに捉えがちな欧米人の感性が、どうしても理解できなかった。ひょっとしてこれはアジア人の、いや、日本人特有の感性なのだろうか？　ここに西洋と東洋の美学の根本的な違いを見せつけられた気がしていた。

「絶対に欧米人にも通用する映画を作ってみせる！」と意気込んで西洋哲学をマスターすべくコロンビア大学に編入したはいいが、哲学を学んだことは結果的に私を東西というバイナリーな柵《しがらみ》から解放して、謙虚にしてくれた。語るべきことは古代の思想家によってすでに語り尽くされており、人間の考えることは所詮、人種、国境、文化を問わず大して変わりはしない。そんなベーシックなことを学ばされ、20代の自分の根拠のない自信はいとも簡単に崩れ去ってしまった。見方や解釈の違いこそあれ、欧米人でもアジア人でも人間として答えを求める疑問は同じなのだ。

人はいつの時代でも同じ課題を抱えて生きてきた。自己と社会との距離と関係性に関心を持った私は実存主義に共感。「自己とは？」「生きる意味とは？」という壮大なテーマを追究する思想家や小説家の作品を読み漁り、一人一人がそれぞれの目線、個性、人生経験や信念でもって答えのない課題に果敢に挑む姿に壮絶なドラマさえ感じ始めていた。ドストエフスキーにはドストエフスキーの、ニーチェにはニーチェの、キェルケゴールにはキェルケゴールの世界で繰り広げられるドラマがあり、それぞれの著者が物語の主人公で自己という視点から世の中を見つめ、生きる意味を見出す人間の成長ドラマを生きていた。個人主義とはすなわち、人間が社会と向き合う闘士の姿勢だということを教わった大学時代だった。

社会が西洋のものであれ、東洋のものであれ、関係ない。どんな人間でも人間である以上、彼らの生きる姿勢には共通した「構え」がある。その構えに嘘がなければ、物語の主人公がアジア人だろうが欧米人だろうが、彼らのドラマは誰にでも理解できるはず。主人公が自分や社会に向ける視線と姿勢こそが、ドラマの普遍的な構造を作り上げている。

主人公の視点から見える世界。彼らには何が見えて、何のために、何を求めてそれを見続けるのか。主人公の内面的な世界の理解とその描写も、脚本を読みながら編集者は考える。何故ならそれらは全て映像編集という技術によって、初めて観客の五感で解読可能な芸術表現となって現れるものだからである。

本書では『編集秘法』と題して、私のこれまでの経験から習得した映画編集にまつわるポイントを具体例をもって紹介しながら、映画編集という目に見えない不可思議な技の裏に潜むマジックの種明かしをしていきたい。

編集秘法 #1

編集は脚本から

編集者が脚本を読む上で特に注意している点は、

どのような「行為」をいつ、何のために見せるのか。
どのような「画」をいつ、何のために見せるのか。
どのような「音」をいつ、何のために聞かせるのか。

主人公の人間性を編集という技術によって表現するために、これらは肝心なポイントだからである。

全てのベースとなるのが、主人公の行為の動機と目的。つまり〝Why〟&〝What〟である。
登場人物がどのような行動（What）をいつ、何のためにするのか（Why）。各シーンの行動と反応の積み重ねで浮き彫りにされてくる主人公の心理的ロジックの一貫性とキャラクターアーク（登場人物の心の軌跡）を見極めることが大事である。このアークが「眼に見える」形で読み手に伝わるか否かを、まず脚本を読んで判断。さらに物語を走らせる過程でブレーキがかかるような無駄なシーン、矛盾している行動、余計な台詞などをチェック。場合によってはそういう箇所を監督に指摘する。

これは具体的にどういうことなのか。ここで「行為、画、音」の三つの観点から、私が過去に携わった作品の脚本を例に挙げて説明してみたい。

どのような行為をいつ、何のために見せるべきなのか

（映画『レンフィールド』より）

ニコラス・ケイジがドラキュラ役で出演する映画『レンフィールド』の主人公は、ニコラス・ホルト演じるドラキュラの助手のレンフィールド。完全に吸血鬼化していない半人

間の彼は、虫を食べることで超人的なパワーを発揮するモンスターに変身するのだが、根は真面目で律儀な男。危機が襲ってくるとそこら中で見つけた虫を食べて問題を解決するというコミカルな設定は面白いのだが、脚本を読みながらふと疑問に思う点があった。彼はなぜ「虫」を持ち歩いていないのか？　小心者で、しかも合理的な彼だからこそ、いざという時に不可欠な武器である虫は肌身離さず持ち歩いているのが理に適っているというもの。それこそ虫を自家繁殖していても不思議ではないキャラである。この点をプロデューサーに指摘したところ「なるほど」と納得してくれたのか、次の脚本の改訂版には主人公はゴキブリを小さい棺桶のようなケースに入れて持ち歩く設定になっていた。

監督や脚本家には当たり前に思うことが、実は当たり前に「見えていない」ことが映画を撮った後に判明することは度々ある。いくら作り手には常識的に思われていても、それが観客の目線から理解できるものとして表現されていなければ話にならない。「私がレンフィールドだったら、絶対に虫を持ち歩いているけどなあ」と観客をシラけさせた時点で魔法が解けてしまう危険性さえある。特に今の時代、安易なコンテンツ作りはネット上でバッシングの対象となりやすい。下手をすると映画作品や監督への非難や不評にもなりかねない。

だからこそ脚本段階での編集も重要視したい。作り手の見落とした点を最も客観的に指摘できる立場にいるのが編集者なのだ。脚本や製作段階で見落とされた問題点は、結果的には編集室に降りかかってくるものなので、善は急げ、である。

どのような画をいつ、何のために見せるべきなのか

（映画『アウシュヴィッツの生還者』より）

この作品のオファーを頂いた時は確か『HARRY HAFT』という題名だった。主演は実力派俳優として名高いベン・フォスター。第二次大戦中にアウシュヴィッツに送られたハリー・ハフトという実在の主人公がナチス将校の指導の下でボクサーとなり、同胞のユダヤ人を相手に闘って生き残った実話を映画化したもので、社会や歴史物の好きな私にとってもってこいの作品だったが、これも残念ながら脚本を理由に辞退してしまった。

脚本に書かれているストーリー自体は素晴らしかったのだが、戦後と戦中の話が交錯する設定でフラッシュバックが頻繁に使われているところが気になっていた。フラッシュバックという技法はドラマを前進させてこそ使い甲斐があるというものなのだが、この作品のそれはほとんど説明を補うバックギア的な役目をしており、前進どころかドラマ展開を失速させている違和感を、私は脚本を読んで感じていた。過去の出来事を解説するためだけの穴埋めの回想は、フラッシュバックの意味を成していない。過去へ観客を誘い込むべきものは、「見てはいけない、見たくない」もの、すなわち登場人物の語らない（または何かの理由で語れない）過去の謎であるべきなのが理想的。そもそもミステリーほど人の心を摑むものはない。「これはどういう意味なんだろう?」と期待感を募らせる回想は、ドラマを前へ前へと走らせてくれる。観光バスのガイドのように「はい、ここでこちらを見てください」と回想で説明するほど怠惰で退屈な映像演出はない。

いくら作品に関わる脚本家や監督、俳優が優れていても、土台となる素材、つまり脚本に説得力がなければ、その仕事を引き受けないというのが私のポリシーである。繰り返すが、全てのプリ・プロダクション（撮影以前の準備段階）及びプロダクション（撮影現場）の手落ちは、最終的にはポスト・プロダクション（撮影後の編集段階）へと委ねられる。編集者は編集技術でもってそれらの解決法を見出さなければならないので、『HARRY HAFT』のオファーを辞退した当時の自分には、脚本での欠陥を編集で修正できるという自信に欠けていたのかもしれない。

とはいえ、監督はかの有名なバリー・レヴィンソン。オファーしてくれた編集の仕事を「ノーサンキュー」だけで終わらせるのも大変失礼に思えたので、丁寧なスクリプトノート（提案書）を作成して監督に送り、映画の冒頭の大量のフラッシュバックは無いほうが良いこと、つまり「見せないミステリー」の方が効果的であることを提案した（完成された映画にはこの箇所のフラッシュバックは削除されていたので監督は同意してくれたのだろう）。逆にフラッシュバックで「見せるべきシーン」が欠如していることも指摘した。それは主人公が戦時中に最後に恋人を目にした記憶。愛する人と引き裂かれてしまう場面は、きっと彼の脳裏に焼きついているはずである。思い出したくない辛い記憶だからこそ、この別れのシーンはフラッシュバックとしてあるべきだという私の意見にも同調してくれたのか、完成版にはまさにこの別れのシーンが描写されていた。

どのような音をいつ、何のために聞かせるべきなのか（X監督新作映画より）

脚本によると、X監督の新作はかなりナレーションによる解説が多い映画のようだ。

映画の冒頭で、Zが演じる主人公が登場するや否や、彼は銃撃されてしまうという設定なのだが、脚本には「銃弾で倒れるまで、誰も俺がマフィアの親分だとは夢にも思っていなかった……」という主人公のナレーションが、彼が病院で手当を受けて妻の待つ自宅へ無事に帰宅したところで始まっていた。そのタイミングが、腑に落ちなかった。「ナレーションが入るのが遅すぎるのではないか？」と私が思った理由は、語りで暴露する内容（堅気の男が実はマフィアの親分だったと自白するくだり）が脚本通りのタイミングだと、観客はもうその時点で薄々気づいていることなので、新しい情報になっていない。つまり「情報が古い」

ので、ストーリー展開が鈍い。これではせっかくのナレーションが秘めるサプライズ効果が活かせていないように思えた。

観客にとって意外な情報を絶妙なタイミングで伝えること、観る人の好奇心を最大限に刺激することは、ストーリーを前に走らせるために必要な燃料となる。料理人が調味料と材料を微妙に量りながら味付けをするように、編集者はどのような情報を、どのタイミングで切って、どのように表現するかを裏で計算する。いかなる情報をいつ、何のために聞かせるのかを巧妙に配慮して調整することで、ドラマが進むテンポとその味わいが極められていく。

映画のストーリーが走り続ける原動力に、観客の想像力ほど不可欠なものはない。その想像力を持続させるためには、物語を観客に安易に与えるのではなく、観客を物語に引き込むための編集でなければならない。そのためには時として、情報をあえて提供しない戦略もあるにはある。[*1]

---

*1 215ページ「編集秘法#8 「見せない」見せ方で人を魅せる」参照

監督との面接の心得

編集者が採用される前に、必ずと言っていいほど監督との面接が行われる（場合によってはプロデューサーとの面接をクリアしてから監督との面接が可能）。この面接は自分の感性と能力を相手にどのように「売る」ことができるかの演出の場でもある。脚本に対する自分の意見や感想を相手にどのように伝えることができるかが、第一印象のポイントとなるからだ。

今回のX監督の作品の脚本は、実話に基づいた知られざる歴史的事実を暴露するというスリル満点な筋書きで構成も充実していた。もともと歴史物の映画は好きだし、なんと言っても尊敬するZという俳優が複数のキャラクターを演じるという仕掛けが抜群に面白い。それでも上記で説明したナレーションのタイミングの違和感について説明して、私なりの解決法を提供すると、監督は意外に快く同意してくれた。「改稿版の脚本があるのでそれも是非読んでみてほしい。その後、また意見交換しよう」と言われ、二度目のリモート面接を一週間後に設定した。

資本主義で実力社会のアメリカは、人材の才能を価値（value）で判断する国である。自己宣伝ができる能力は高く評価されている社会なので、面接時にいかに自分の個性と価値をアピールできるかが決め手になる。謙虚に黙ったままでは自己主張にならないどころか、自分の価値を自己否定しているようなもの。「君を採用してこの作品にどのような得があるのか」とシビアな眼で品定められる時、ただでさえアジア人は「大人しい」「行儀がよく従順」「使われる人間」と勝手に思いがちの相手に受け身の妥協姿勢では、こっちが損するばかりである。自分の価値を自分で見極めて売り込む気迫で攻めなければ、相手に侮られるだけだ。

口達者も実力のうちの一つと見なされるハリウッドでは、案の定、口先だけで世渡りができる人間がうようよしている。“Fake it until you make it”（成功するまでは成功しているふりをしろ）という、日本人にとっては不謹慎な諺が美徳とされている世界なのだ。アジア人というだけでハリウッドから門前払いを食わされていた頃は、白人社会の一員でもなければ英語もままならない私たちが持てる武器は限られていた。語学力で劣るのなら、話す内容と実務で勝負するしかない。だから脚本を丹念に読み込み予習して、スマートな質問と個性的な発想と熱意を相手にぶつけることで、自分の立場と存在に気づかせる努力をするしかない。インビジブルな人種と見なされがちのアジア人がハリウッドの門をくぐるには、何とかして相手の隙を突いて、力ずくでこじ開けるしかなかった。

監督との面接は自分の価値を相手に伝える機会である反面、監督の度量を確かめる機会でもあるので、一方通行であっては勿体無い。面接を受ける側が逆に面接をしてしまう図太さは、日本人としては失礼なことかもしれないが、アメリカでは一向に構わない。受け身の構えだけでなく、攻めることもできる能力を相手に知ってもらうことで、逆に好まれ信頼される要因にもなるからである。ましてや編集という作業は映画作りの過程で、監督と編集者が二人三脚で最も密接な時間を共有するもの。下手すると一年近くも共同作業をする間柄なので、その人の感性や性格、そして自分との相性を探りたいと思うのは当然のことである。

面接時に私が必ずと言っていいほど**監督に問う質問は二つ**ある。

1. この作品を撮りたいと思った**動機**は何か

2. この作品に代わる**音楽のイメージ**は何か

監督が脚本の何に共感したのかを知ることは、物語の裏の物語、つまりストーリーを超えたメタ・ストーリー[*2]をより理解するヒントになる。そして作品に求めている感動を音色（tone）としてイメージできる監督の能力は、編集者にとって何よりも頼れる尺度となってくれるからだ。

逆に映画を通じて伝えたいメッセージをすでに口頭で断言して譲らない監督は、私にとって要注意である。なぜなら言葉の表現で満足できる程度のメッセージならば、わざわざ映画にする必要もないからだ。それで満足している監督ほど、映像のポテンシャルをフル

*2　189ページ「メタ・ストーリーとは」参照

に発揮させるニーズとモチベーションは低いので、編集によってもたらされる発見を求めない。

映画の〝あるべき形〟は、編集段階で初めて頭角を表すもの。従って監督は映画に対する先入観を作品から一旦、切り離す覚悟が必要なのだ。

X監督との二度目の面接で、私なりの脚本に対する感想を語らせてもらった。映画の背景は20世紀初頭、アメリカへ流れ着いた無一文のイタリア移民の世界で、主人公とその幼馴染はマフィアの世界で成長していくのだが、時代の流れが変わり始めた1950年代、二人は「過去に生きるか、未来に賭けるか」の選択で対立してしまう。そんな男のドラマを、脚本は一見ユーモアをちりばめたコメディタッチで描いているのだが、私が最も共感したのは、時代という勝ち目のない敵と全てを賭けて闘う人間の無念さと哀愁だった。「それが映画のトーンであり、物語の本質的なテーマだと思う」と私は監督に伝えた。それが正解かどうかは問題ではない。脚本を自分なりに解釈して、自分なりの主張ができるか否かが、評価の対象となる。

イタリア人でもユダヤ人でもない日本人の私が、X監督の世界とどう調和できるかが試された面接ではあったが、二度にわたってリモート面接を重ねた結果、晴れてオファーを頂いた。映画の撮影地はオハイオ州シンシナティ。2022年の年末から数ヶ月、ロケ先で撮影と編集が同時進行する予定。楽しみだ。

撮影期間中の編集作業

ハリウッド映画の製作は、映画が撮影されるロケ地の現場に編集スタジオを構えて、映画撮影と並行して編集が行われるのが常識とされている。撮影期間は作品によるが、平均して三〜六ヶ月ほどだろうか（DCコミック映画やマーベル映画となれば一年近く出張になることはざらにある）。監督も志している身として、私は撮影現場に近ければ近いほうが、心が躍る。現場で撮影スタッフが汗水流して撮っている姿を見ると「彼らの努力に良い編集で報いたい」と、より編集作業への意欲が湧いてしまう。

撮影された素材は翌日、編集部に手渡され、撮影期間中はその素材を毎日処理することが、私たちの役割である。渡された一日分の素材は、鉄則としてその日のうちに全て編集してしまわなければならない。なぜなら撮った素材に万が一ミスがあったり、素材が不足していたらすぐに製作側と交渉して撮り直しが利くからだ。逆に編集し損ねた素材が翌日に持ち越されて雪だるま式に遅れをとってしまうと、現場で編集している意味がなくなってしまうので、撮影中の編集は毎日が長距離マラソン、持久力の勝負である。それに必ずと言っていいほど撮影は脚本通りの順序で撮らないので、まるでパズルの断片のごとくバラバラでまとまりがない素材をとにかく本能のままに繋げていく。リアルタイムで素材を隅から隅までチェックした後、使えそうなテイクを選別する作業は毎日12～14時間という長時間労働だが、それでも撮影中の編集は楽しくて仕方がない。撮りたての新しい素材を誰よりも先に鑑賞できるのは特権であり、自分の感覚と独断と偏見でシーンをバッサバッサと切り捌くのは爽快だ。シーンが増えていくにつれて素材は連鎖反応を引き起こし、次第に映画らしく〝化けて〟いく様子を間近で見られるのは、快感でしかない。

ここで撮影中の編集部の日課を説明しておきたい。まずは編集部スタッフの編成。平均的なハリウッド映画だと編集者をはじめ、1stアシスタント・エディターと2ndアシスタント・エディター（製作規模によってアシスタントの数は増える）の他に、場合によってはVFXエディター（とそのアシスタント）やミュージック・エディターがいる。そして私たちの作業環境の運営サポートをしてくれるのがポスト・プロデューサー、ポスト・プロダクション・スーパーバイザー、ポスト・プロダクション・アシスタントである。

私のアシスタントは通常、数時間早く作業を開始して、ラボ（現像所）から送られてきた撮影された映像と録音された音を融合した素材、つまりデイリーズ（Dailies）をまずコンピューターにダウンロードし、前日に撮影された素材が全て処理されているかを撮影部が作成したカメラレポートと録音部のサウンドレポートと照らし合わせて確認。その後、編集者の出番となる。作業室には編集ソフトウェア（主にAvid）で機能するコンピューターとモニターが二つ、それに監督用の大きなLEDモニターと高性能スピーカーにソファーが設置されているだけ。ここで黙々と素材と向き合いながら、まずは脚本通りに繋げていくのが、私たちの日課である。

撮影期間中の編集部の当面の目標は、エディターズ・カットを完成させること。撮影終

〈上〉モニターが並ぶ編集ルーム　〈下〉編集ルームのエントランス

了（クランクアップ）の時点で、ほぼ全てのシーンが粗編集されたエディターズ・カットが出来上がり、そこからが正式な編集期間、いわゆるポスト・プロダクションがスタートする。その期間は作品の規模にもよるが、短くて三ヶ月ほどから、長くて一年以上を要する場合もある。

ポスト・プロダクションの流れ

エディターズ・カット開始（1週間）

↓ 監督へ提出

ディレクターズ・カット開始（最低10週間）

↓ プロデューサーへ提出

プロデューサーズ・カット開始（2～3週間）

↓ 制作会社へ提出

スタジオ・カット開始（数回のプリビューを経て）

↓

映画完成

エディターズ・カット

その名の通り、編集者が撮影素材をもとに独断と偏見で創るカットで、基本的に脚本通りに繋ぎ合わせたものを指す。通常、監督が映画を始めから終わりまで初めて通しで鑑賞するのがこのカット。これが出来上がるまでは監督やプロデューサーなど他人の干渉なしに、編集者が素材と向き合える貴重な時間でもある。ちなみにこのカットを見る権利は監督だけにあるものだが、場合によっては監督以外の人間と共有されることもある。

ディレクターズ・カット

アメリカの映画産業労働組合の一つである全米監督協会（Directors Guild of America、略してDGA）は監督の創造する権利を守るため、最低十週間の編集期間を法律上義務付けている。この期間中、監督はプロデューサーや製作会社の干渉なしに、編集者と自由に作品作りに専念。そして十週間後に監督の太鼓判が押されたディレクターズ・カットが、プロデューサーに提出される。

プロデューサーズ・カット

ディレクターズ・カットを製作側に提出して試写会を行った後、プロデューサーのフィードバックを貰う。彼らのフィードバックを監督と議論した末に対応した修正カットがプロデューサーズカット。プロデューサーの要求をどの程度受け入れるべきかは、監督の度量次第。実績ある著名な監督であればあるほど、彼らの独断と偏見で製作側の要求を却下できたりもする(マイケル・マン監督がその良い例かもしれない)。

スタジオ・カット

大規模な作品になればなるほどメジャーなスタジオが背後に控えている。一概には言えないが、スタジオ幹部の多くは実践的な映画製作のノウハウと経験がない場合が多いので、たまに驚くほど素人目線のコメントがきたりして戸惑うこともあるが、お偉方の意見は無視できない。監督とプロデューサーは映画の価値（時には芸術性）を死守する側に立つ一方、スタジオ側はあくまで映画の興行性を尺度に作品を判断。要するに「観客が観たいと思う映画になっているかどうか」を基準に作品が評価される。

ここでハリウッド式の映画評価を判定する〝プリビュー・スクリーニング〟にも簡単に触れておこう。プリビュー（Preview）とは未完成の映画の特別試写会を意味し、ランダムに選ばれた一般人の観客に鑑賞してもらい、アンケート調査を実施する場である。評価は採点式になっており、ある一定の合格基準をクリアしないと商品として市場に出せない仕組みになっている。様々な問題点を抱えた映画はこのプリビューを何度も繰り返し、合格点に達するまで編集者を入れ替えて修正を続けることもある。

過去に私が関わったジョニー・デップ主演の『L.A.コールドケース』も、実は一回目のプリビューの点数が思わしくなかったことが理由で、前任の編集者と入れ替わりで私が採用され、一ヶ月ほど試行錯誤を繰り返して再編集したものが合格点の80点以上をクリア。それが奏功して晴れて完成に至り、劇場公開に持ち込めたケースだった。

編集環境

ハリウッド業界で使われている定番の編集ソフトウェアはAvid。俗にいうノンリニア(Non-linear)編集システムで、素材の順序に捉われずに前後を自由自在に編集できる。設置された二つのモニターの片方には、「ビン(Bin)」というフォルダーの中に撮影された素材がシーン別に整理整頓されている(52ページ下段参照)。ビンの一つを開くと、この中に素材のショットが撮影された分だけ、テイクごとに綺麗に並んでいる(52ページ下段参照)。ショットのワンテイクをクリックすると、その素材はもう一方のモニターのスクリーンに映し出され、編集に必要なだけの素材を切り抜いたものを繋ぎ合わせたものが長い帯状のタイムライン（54～55ページ上段参照）。タイムラインの上層部が映像で、下層部が音声。私の音声トラックは平均して18トラック。トラック#1－4は撮影現場で録音された役者の台詞。#5～8は特殊効果音。#9～12は環境効果音。#14～18は音楽。映像トラックは最終的には8トラック、もしくはそれ以上になる場合もある（54～55ページ下段参照）。

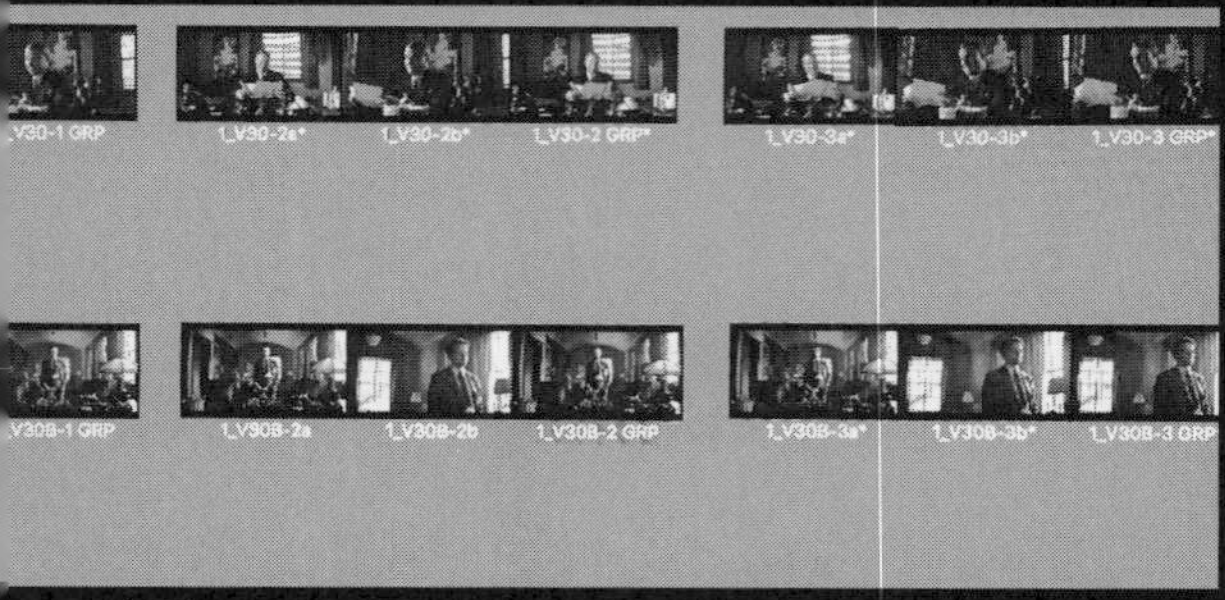

撮影されたショットがアルファベット（A, B, C…）順に整理されている

プロジェクトモニター
230217_COMPOSITE 13K
+REELS+
00_EDITOR
000_OUTGOING_To Hector + Selinda
021723 4,306K
021823 837K zWG_Editor01_40606
RECEIVED
00_INCOMING_From Hector + Selinda
221123_Montage Look Test_MK 17K
230210_VFX Flagged From Meeting___LEAVE THIS BIN HERE PLEASE 60,605K
230216_Sc 53 Temp VFX from Greg and SFX Vito Pitch 1,771K
REVIEWED
01_EC Cut
WK_1_EC_WIP_121022 3,761K
WK_2_EC_WIP_121722 15,400K
WK_4_EC_WIP_011423 29,758K
WK_5_EC_WIP_012123 42,246K
WK_6_EC_WIP_012823 57,677K
WK_7_EC_WIP_020423 95,646K
WK_8_EC_WIP_021123 92,938K
WK_9_EC_WIP_021823 101,659K zWG_Editor01_40606
WK_10_EC_WIP_022523 66,247K zWG_Editor01_40606
02_DC Cut
MAKO
CUTTING TEMPLATE 27K zWG_Editor01_40606
MK_Sandbox 137,713K zWG_Editor01_40606
MK_Title 1,218K zWG_Editor01_40606
TEMP MUSIC_MK SELECTS 618K
01_SCENES
READY TO CUT
Sc 35-204 (VO)_Frank VO at Sands Point - Stone Bench 1,060K
Sc 85A_Crime Fighter Blinded Newspaper and News Report 172K
Sc 114-115_Frank and Bobbie Watch Giganta Mugshot 795K
Sc 001 - 040
Sc 041 - 080
Sc 081 - 120
Sc 121 - 160
Sc 161 - 204
zArchival Prod Stills Tests
zCamera Tests
zHair_MU Tests
zVFX Plates
zWild Tracks
02_DAILIES
03_ARCHIVAL
04_SFX
05_MX
00_FROM ASSIST
Hector Imports_MX
Selinda Imports_MX
00_FROM COMPOSER
Oboe themes_MX 21K
Percussive MX 28K
Piano Theme MX 17K
Romantic Strings Cotton Club-Once Upon a Time 2.10.23_MX 17K
Saxophone Theme MX 28K
Sc 028A_Flashback Growing Up Still Photos MX 17K
Sc 039_Prohibition Scene_Becoming Gangsters MX 17K
Sc 058_Vito is Mount Vesuvius MX 28K
Sc 204_Frank Wins Flower Contest_End MX 21K
Tension and Low Sax MX 21K
シーンの「ビン」を
開くと…
1_V30-1a
1_30A-1*
1_V30B-1a
1_V30C-1* Ref Only

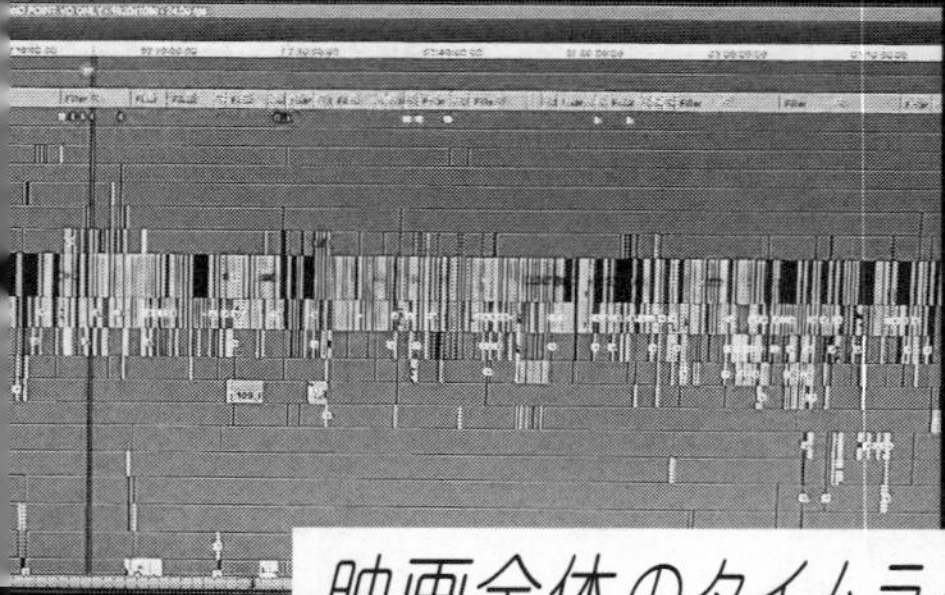

映画全体のタイムライン

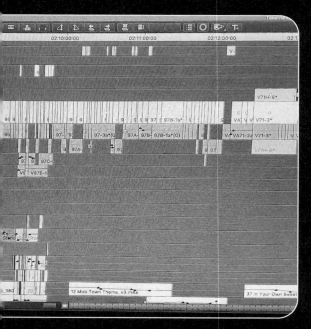

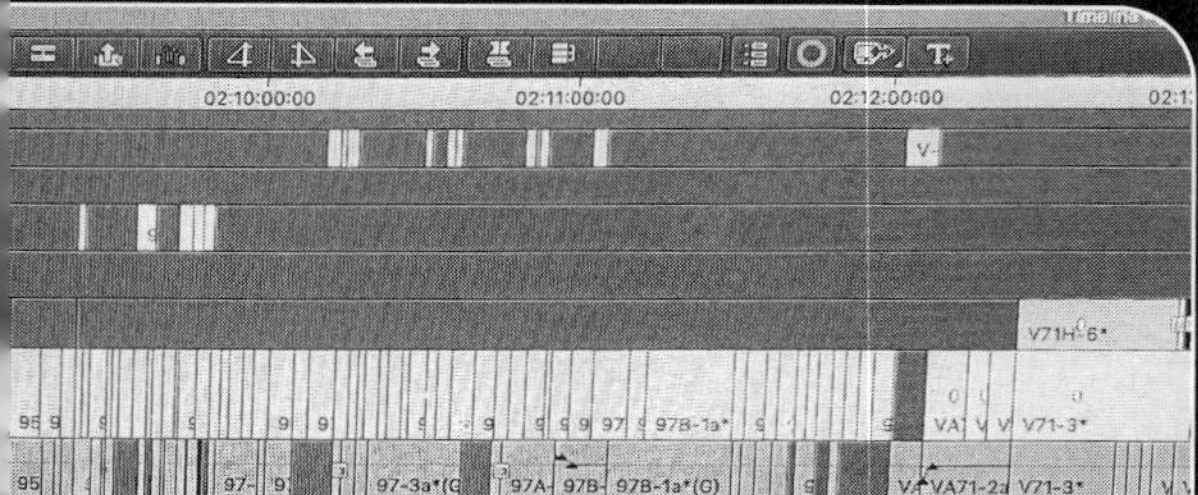

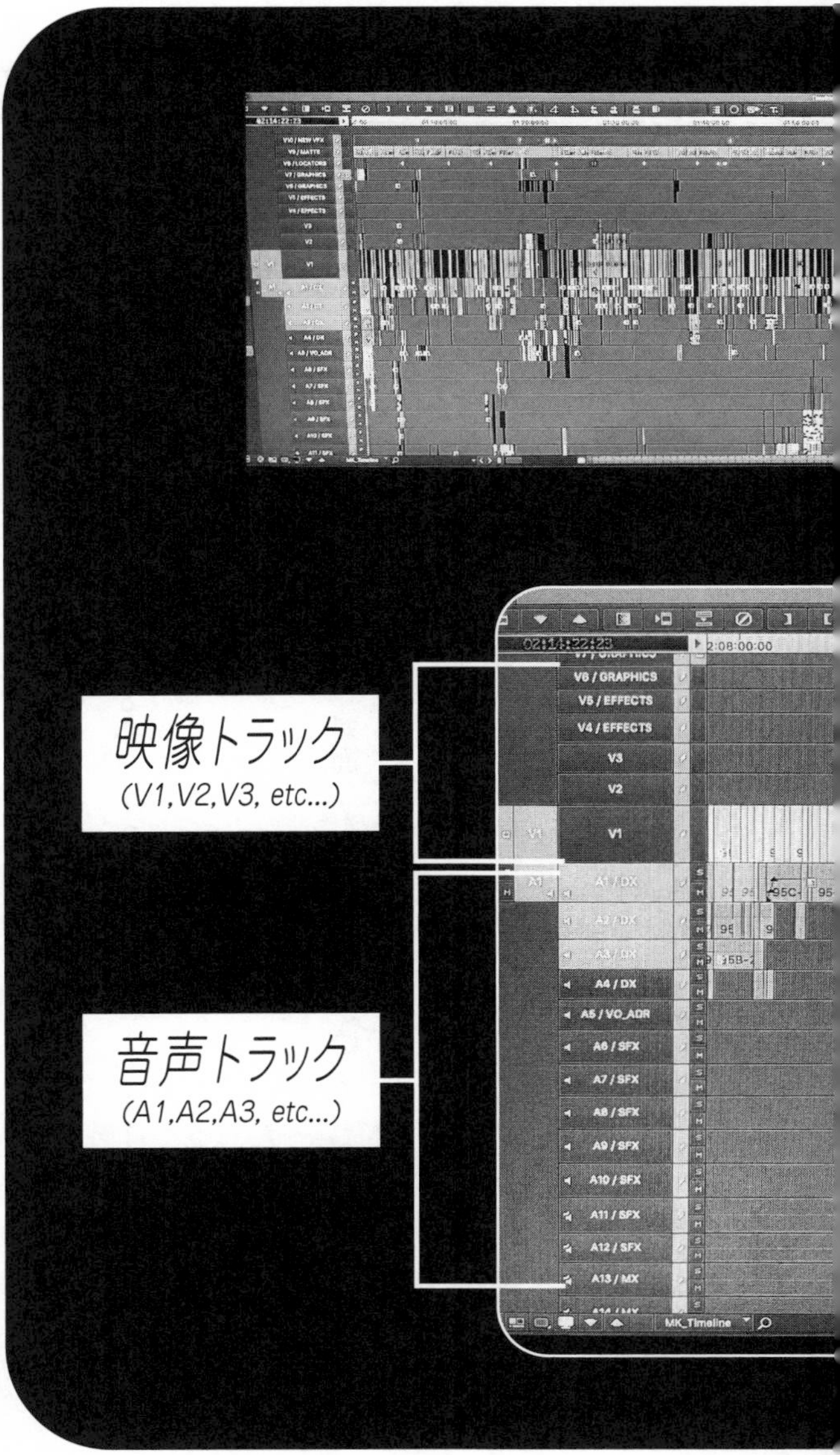
映像トラック
(V1,V2,V3, etc...)
音声トラック
(A1,A2,A3, etc...)
2:08:00:00
V6 / GRAPHICS
V5 / EFFECTS
V4 / EFFECTS
V3
V2
V1
A1 / DX
A2 / DX
A3 / DX
A4 / DX
A5 / VO_ADR
A6 / SFX
A7 / SFX
A8 / SFX
A9 / SFX
A10 / SFX
A11 / SFX
A12 / SFX
A13 / MX
MK_Timeline

映画編集とは素材を選んで繋げていく中でショットの尺を変えてみたり、スピードを調整したり、あるいはシーンの順番を変えて台詞の言い回しを調整、効果音をアレンジして雰囲気やアクションの刺激を加えたりと、ありとあらゆる編集手法のコンビネーションで行われる。

素材との初対面

ロケ地のシンシナティでX監督と初めて実際に対面したのは、撮影が始まって数日後のことだった。スポーティーな黒いジャンパーにベースボールキャップ姿という、八十歳にはとても見えないスマートな身のこなしで編集室に訪ねてきてくれた。彼はたしかマイケル・マン監督と同世代。さすがに頭の回転が速そうだ。笑みのない苦い表情が少々気になったが、撮影現場の緊張と疲労のせいだろうか。

撮影開始後の数日間は、初対面の撮影スタッフたちとの共同作業なので、撮影する素材もなるべくミスが少なく撮りやすいものを予定するのが常識なのだが、この映画はなんと出だしから多数のエキストラと何台ものアンティーク車が登場する大規模なシーンからスタート。それもメインユニットとセカンドユニットの二つの撮影班が同時に撮影するという大掛かりなものだった。これは編集部にとって通常の素材の倍の量が流れ込んでくることを意味するので、「よくこんな手の込んだシーンを最初からやるな」と感心する一方、脂が乗り切らないスタッフが撮りに撮りまくって混乱状態になるのではと内心案じていたのだが、届けられた素材は少々拍子抜けするほど簡素なものだった。かなり絞り込んだ撮り方がされている。さすが経験豊富な熟練監督だ。撮り方に無駄がない。

何時間も続くデイリーズのチェックは手が抜けない。私は隅から隅まで念入りに観なければ気が済まないタイプなのだが、編集者の中には監督がＯＫを出したテイクだけしか下見しない人もいるらしい。素材との初対面であるファースト・ビューイング（最初の鑑賞）の印象をどう受けて解釈するかが、自分と他の編集者との違いを決定的なものにするとさえ思っている自分にとって、それは考えられないことである。素材を見慣れてしまっては、直感で捉えた第一印象のインパクトも薄れてくる。だから素材との一度しかない初対面の出会いであるファースト・ビューイングほど貴重なものはない。

人との出会いでも第一印象というものがある。初めて出会って「あ、いい感じ」と思ったことは記憶に残るもの。素材も同じことだ。それにファースト・ビューイングは、編集者にとって映画を初めて鑑賞する観客の目線から素材と出会うチャンスでもある。これほど意義ある体験を面倒だからといって避けたり、他人に任せたりすることはできない。全ての素材（NGテイクを含めて）を通しで隅々まで見尽くすのは、気が遠くなるほどの時間がかかり、正直、毎回気が滅入るのだが、この関所を通らない限り責任を持って編集したとは言えない。

まずは、テイクを一つ一つ、偏見や先入観のない素直な心で観ること。役者の芝居はテイクごとに監督の意向に基づいて変化していくものなので、最終テイクが監督の理想に近いというのが暗黙の了解だが、私は最初のテイクを必ず注意深く観察する。なぜならこのテイクの中に、役者の本能が働いて演じた痕跡が潜んでいるからだ。いくら監督の求めるものにそぐわない芝居であっても、それが悪いとは決めつけられない。あえて役者と監督の芝居に対するセンスの違いを認知しておくことは、後々編集に何かと役立ってくれる。

完璧なテイクは珍しい。いや、ほとんど無いと言ってもいいかもしれない。しかしどのテイクにも瞬間的に光る演技が残っているものだ。監督がNGを出したテイクにも、役者がグッと心に迫る芝居をしていることが度々ある。そういう嘘のない所作、表情、文句などは見落とせない。美術や衣装の豪華さや、照明やカメラワークの技術的な見事さよりも、何よりも映画が観る人の心を摑むのは役者の芝居。だからこそ芝居の幅を全て見定めて、役者が役と一心同体となった瞬間をキャッチすることは、編集者の使命だと思っている。

映画作りを剣道の試合で例えるならば、編集は勝負を決める大将である。一番手の先鋒が脚本、二番手の中堅は撮影。大将の編集は脚本家と監督の勝負の結果を見届けてから、出方を決める。

そして、やるからには勝つ覚悟で、試合に挑む。

映画の勝負を決める編集とは

膨大な素材が原石なら、たまに光る役者の演技は原石に秘められたダイヤモンド。キラッと光ったその何かに「ん？」と反応するのは人間の本能で、それを掘り起こすか否かは、その人の意志と感性。さらにそれがダイヤモンドか否かを判断するのは、その人の知性。だからこそ編集する人間次第で、作品のクオリティーそのものが左右されるものなのだ。

それでは実際、編集者の「何が」映画の勝負を決めるのか？

無論、それはエモーション、感動する心であろう。感動には個人差があるからその度合いに基準はない。ましてや測ることもできない。しかし個人の意志で心臓の動きを止められないのと同じように、心が動かされる刺激に人は逆らえない。編集者も人間である限り、映画を観て何にどう感動するかは、映画を作る上で相当な影響を及ぼしているに違いないのだ。自動車を運転できるからといってF1レーサーにはなれない。文字が書けるだけで小説家にはなれない。台詞を言えるだけで役者にはなれない。映画編集も同じことである。

モーション・ピクチャーズ（Motion Pictures）とはその名の通り、画を動かして人にエモーションを与えるマジックでなければならない。映像素材を「切る」ことは、すなわち「動かす」ためにあり、それによって感動の刺激の度合いを巧みに工夫して操るのが編集の本質的な役目である。いかに多くの観客を感動させる映像体験に仕上げられるかは、編集者それぞれの人としてのエモーションにまず委ねられるものと言っても言い過ぎではない。

そして編集者が編集した作品の良し悪しを決めるのは、監督。しかし監督の作品の良し悪しを決めるのは、最終的には観客に他ならない（いくら監督の望むカットでも、すでに述べたプリビューで観客の反応が悪ければ映画は公開できないことを思い出してほしい）。映画と観客の間には監督でさえも入ることはできないし、誰も入るべきではない。

だから私は、編集しながら常に映画を鑑賞するであろう観客の立場から素材と向き合うように努めている。そして自分の心が動かされる瞬間をキャッチするために素材をひたすら観続け、「あ、何か感じた」と思えばその瞬間をより効果的に再現して感動を高めるためにあれでもないこれでもないと試行錯誤を繰り返す。「もっと行けそう、行けるはず」と漠然と本能を頼りに悪戦苦闘しながら編集するうちに、次第にシーンが脈打ち、動き始める。一度動き出すと、それをさらに大きな動きに繋げて成長させ、観ている人の心を感動に導きたいと思わずにはいられない。行けるところまで行ってみたい。見えなかったものを一緒に見てみたい。観客と一心同体となれる映画こそ、感動する心を遠く広い世界へと導いてくれる。

「1＋1＝2」には驚きもなければ感動もない。それはただの常識に過ぎないからだ。しかし「1＋1＝3」となると話は違う。私たちはそれを可能にするために、他人の目の届かない暗闇の中でひたすらコンピューターに向かって日々、一コマ一コマに勝負をかけている。そして、現場の失敗やミスを発見しては処理して、使い物にならない素材はバッサバッサと切り落とし、残った生の素材をはるかに優れたものにするためにありとあらゆる手段を使って磨いていく。時には無意味で無関係な映像を工夫して見せることで、萎えたドラマに息を吹き返すこともできれば、下手な芝居を名演技に化けさせることだってできてしまうのだ。編集者はマジシャン（魔術師）といえば聞こえはいいが、不良品を良品に見せて売りつけるペテン師なのかもしれない。

どちらにせよ、**編集によって映画は化ける。**そして命が宿ったそれは新しい生き物となって脈打ち、走り出す。こんな奇妙で愉快な仕事はない。実際、編集によって予想以上の、いや、予想さえもしていなかった化け物が誕生してしまうことだってあるのだから不思議なものである。

素晴らしい映画を観ていると、いつしか空を飛んでいるような錯覚に陥るのは私だけではないだろう。走って、走って、走った末にフワッと重力から解放されて異次元の世界に飛ばされるあの感覚。あれを一度体験すると病みつきになる。まさにドラッグだ。どの映画を編集しても私は常に、あの感動と快感を求めて走っている。

我を忘れて映画に飛び込むのは、やはり映画の山場のシーンだろう。物語のクライマックスをどう表現すれば、観客の心に火が点くのか。どこまで一緒に高く遠く飛ぶことができるのか。しかし起承転結で形成される物語のモーションのクライマックスと、主人公のエモーションのクライマックスは必ずしも同時に波長を揃えて起きるとは限らない。

脚本は、この二つの違いを見極めて構成されている（はずだ）が、時として脚本通りに撮影した素材を編集している最中、「離陸しそうなのにいまいちパワー不足、何かが足りない」という窮地に立たされることがある。離陸を目指してフルスピードでドラマは滑走しているのに、肝心なところで究極の感動を呼ぶ何かが欠けている。せっかくここまで走ってきたのに飛べないでいる映画は、編集段階で解決法を何としてでも見出さなければならない。

編集秘法#2

編集が生んだラストシーン

映画『アリーケの詩《うた》』

ハリウッド業界が私を映画編集者として注目するきっかけとなった映画は、ディー・リース監督の長編デビュー作『アリーケの詩』だった。サンダンス映画祭のオープニング作品にも選ばれたこの処女作の主人公は、ニューヨークのブルックリンで両親と暮らす17歳の黒人少女アリーケ。詩の才能に恵まれた成績優秀な彼女は、敬虔なクリスチャンの両親にとって模範的な娘でいようとするが、レズビアンであることを親に伝えられずに苦しんでいた。映画はそんな彼女の心の葛藤と親の元から巣立っていく痛々しい成長過程を等身大に描いた青春記である。実はこの映画の感動のラストシーン（アリーケが自分の体験をもとにして詩を朗読する場面）は、脚本にはなかった。こう言うと脚本がいかに不完全だったかと思われがちだが、実際はそうではない。今までに何百と読んだ脚本の中で号泣したのはこの作品以外は数えるほどしかない。それほどディーが書いた脚本は完成度の高いものだった。それなのに決め手となるラストシーンが書かれていなかったのはなぜなのか？

事の始まりは、監督とプロデューサーが脚本通りに編集されたカットを試写した後のことだった。仕上がりは上々。同性愛者としてカミングアウトした娘を溺愛しながらも、心底受け入れることのできない信心深い母親とのシーンは涙なしには観られない。しかし感動がそこでピークに達してしまったため、主人公が家を出て独り立ちしていくラストシーンの締めの盛り上がりがどうも足りない。「ラストにもう一度、観客を感動させたい」という監督とプロデューサーの要望に応じたはいいが、さてどうしたものか。編集で何ができるのか。別の演技のテイクを使って編集？　それとも別の音楽を起用？　そもそもこの問題は編集で解決できるものなのか？

多くのクエスチョンが脳裏をよぎった末に気づいたのは、主人公のアリーケには詩人としての別のアイデンティティーがあるということだった。自分の成長を、詩人としての彼女はどう捉えているのだろうか？　映画の冒頭ではまだ未熟な詩人だった彼女に、今まで書けなかった詩を映画のラストで書かせるべきではないのか？　そうすることで彼女のキャラクターアークをより明確に観客に伝えられ、主人公の成長に伴う脱皮と喪失感を感じてもらえるのではないか？「感動はきっとその詩の中にある」と直感した私は、アリーケに最後の詩を書かせるシーンの追加を監督に提案してみたところ、それは「ありきたりすぎる」という理由で却下されてしまった。

そもそもこの映画は監督自身の実体験に基づいたもので、だからこそあれだけ優れた脚本が誕生したのだが、監督と素材との距離があまりにもなさすぎた。そんな詩が今の自分に書けるかどうか自信がない」と呟いていたディーは、辛かった自分の青春期を再び振り返り、その体験を昇華させる心の準備ができていなかったのだ。監督としての自分を実体験の記憶から切り離して客観的に作品と向き合えるまで、実に五ヶ月の時間を要した。結果的にはラストシーンで主人公が朗読する詩を見事に書き上げてくれたおかげで映画は完成。アリーケが最後の詩を朗読するシーンがあるのとないのとで、どれほど映画のフィナーレのインパクトが異なるか、想像してみてほしい。

「獅子は我が子を千尋の谷に落とす」という言葉があるが、映画も同じだとつくづく思う。映画が〝あるべき形〟に成長するには、一旦手放して壊してしまうほどの覚悟も時には必要になる。特に監督が脚本も手がけていれば、これはかなりの正念場であろう。しかし生きようとする強い意志を持つ素材はいくらバラバラに壊されて傷ついても、また必ず立ち直る。その手助けをして根気よく育ててやるのが編集者なのだ。

映画は、私たちの意図と期待を超えて成長する生き物である。脚本から独立して一人歩きしようとするそれが何を求めて、何を必要として、何に生まれ変わろうとしているのか。そのポテンシャルを監督と一緒に、時には監督に代わって見極めることも編集者の義務。たまに監督と作品の間に挟まって複雑な立場に置かれることもあるにはあるが、それはまた後ほど触れてみたい。[*3]

＊3　82ページ「編集・監督・作品の三角関係」参照

映画は編集で生き返る

"We'll fix it in post!"（編集で直せるさ！）という言葉が口癖のように囁かれる映画業界。一体どれほどの数の映画が編集者のおかげで難を逃れたことか。何億、何百億という巨額の資金を投入して作ったからには脚本や撮影素材の問題点は、いかなる手段を使ってでも編集で対処しなくてはならない。映画が生まれ変われるチャンスは編集作業の先には存在しないので、そのプレッシャーは並大抵ではない。

無論、監督が期待している映画に仕上げることが編集者の義務だが、映画の未知のポテンシャルを見抜くことも、私たちの任務でもある。しかしこれは監督との信頼関係がなければ、いくらポテンシャルを見出してもそれを生かすチャンスは与えられない。その点、ディー・リースのような監督と巡り合えたことは、ラッキーだった。彼女とは全くエゴ抜きで、自由に意見交換できたからこそ、素材を脚本から切り離して型破りなアイデアを試せたし、作品に相応《ふさわ》しいラストシーンを一緒に生むこともできた。

信頼のおける編集者となら、監督は映画を最後の最後まで探究する旅が続けられる。脚本は編集によって書き終わるだけでなく、編集によってさらに開拓の余地が与えられるものなのだ。

撮影素材から学ぶこと

アナログとデジタルの姿勢の違い

撮影技術がデジタル化される前の時代には、映画はフィルム（35ミリ、S－16ミリ、16ミリ、8ミリ）で撮影されていた。当時はフィルムそのものが高価でやたらと浪費できなかったため、撮影できる量も制限されていたので映画監督は撮影に入る前に、どのような素材が最低限必要なのか、そしてそれをどう撮るべきなのかを事前に判断することを習慣づけられていた。

私の大学院時代はまだフィルムで映画を撮影していたので、ショットリスト（カメラの設置位置を表す図面）やストーリーボード（絵コンテ）を描くことの重要性も教えられた。今振り返ってみると、当時映画作りの基礎をフィルムで学べたことは幸いであった。なぜなら映画をフィルムで撮る姿勢と、デジタルで撮る姿勢には、天と地ほどの差があるからだ。それは単なる技術的な違いだけではない。映画作りに対する心構えと哲学そのものが違うのだ。カメラが回っている時間を「燃やす」ことと「貯める」ことの意味の違いを想像すれば分かりやすいかもしれない。

光でフィルムを焼いて撮影していた頃は、何度もそれを繰り返す金銭的な余裕がなかったため「よーい、アクション！」でカチンコが鳴るたびに、全てを出し切る心の準備が必要だった。それがいくらでもビデオ動画を回すことができる時代となった今、何も燃焼する必要はなくなってしまったようである。映画を一緒に作る人間全員、一か八かの覚悟でそれぞれが出せるベストをフィルムに託す熱意が、今となっては懐かしい。撮影したものをすぐに確認できないフィルム時代の撮影現場には、自分たちを超えた何かに一途に託す姿勢があった。まるで祈るような気持ちでスタッフ全員が、映画と一緒に隙だらけで一心不乱に走っていた。

撮った素材を瞬時に見ることができる現代の撮影現場は、果たして作り手にとってプラスな環境なのだろうかと、時々疑問に思う。結果がすぐに分かるため、あまりにも目に見えるものに惑わされ、それを求めすぎて、何か大事なものを見過ごしてはいないだろうか？

誰にも見えないものを見たいと思う心を、信じることはできているのだろうか？

撮影素材から分析する監督タイプ

私は撮影素材の量と撮り方の質を見るだけで、監督が「賭けるタイプ」か「貯めるタイプ」かを見分ける妙な癖がある。これはひょっとして幼少期を日本文化に触れて過ごしたせいで、画に対してかなり拘る体質だからなのかもしれない。

米国テキサス州で生まれはしたが、育ちは広島の生粋の日本人。両親が別居するまでは自宅にテレビがあったので典型的な日本人の子供として、アニメ番組を夜な夜な観て育ち、とにかく空想の世界に浸るのが好きな、内気で大人しい手間のかからない子供だったらしい（俗にいうオタク少女）。漫画が大好きで、小学校に上がる頃からすでに自己流の漫画を描いていた。たまたまアメリカ国籍を持っていたという理由で広島のアメリカンスクールに入学したが、英語は一言も話せなかったため、小学校時代の六年間はトラウマでしかなかった。それに入学当時、日本人は私だけ。居場所のない自分にとって唯一の心の支えと武器になってくれたのが、絵の才能だった。誰よりも上手く絵が描けたことで、私は辛うじて劣等感の塊にならずに済んだのだ。初めてハリウッド映画を観たのはちょうどその頃で、大きな絵を繋げたものが映画と解釈した私は「これなら自分はできる」と子供心に確信を持ったほど、絵を描くことと自分のアイデンティティーは切っても切り離せない関係になっていた。

映画を作るということはすなわち、映像をどのように繋いで、どのような心理的な連鎖反応を起こさせ、物語として成立させるかである。従って映画監督が素材をどのように撮って、どのようなショットを選んでいるかを見分けるだけで「なるほど、こういう流れで繋げようとしているのだな」と、監督のセンスやスタイルを自然と読み取れる。撮影された素材から自己流で分析した監督タイプは三つある。

撮影量が多すぎる「優柔不断」タイプ

とにかくありとあらゆるアングルをカバーしたがるこのタイプの監督は、撮影量がやたらと多い。極端な場合、一つ一つのカメラアングルをシーンの始めから終わりまで延々と長回ししてしまうのだが、多数のアングルをカバーしたからといって、全部が全部使えるわけではない。逆にカメラ数を増やすことで使えないアングルが増えてくるし、それぞれのショットの個性がフルに活かせない結果となることも多い。充分すぎるほどある素材は、確かに編集段階であらゆるコンビネーションを可能にはしてくれるが、編集の仕方のオプションがあまりにもありすぎると、かえって監督の意図が読み取れず、監督の個性も見えてこない。面倒なことにこのタイプの監督の決まり文句は"I'm giving you everything you need"(君が必要な全てのものを撮ってあげている)。はっきり言ってありがた迷惑である。監督として撮るべき素材を事前に選別する役割を果たしていないだけの責任回避でしかないからだ。最も致命的なのは、安易に長回しをして素材を撮りすぎるため、役者を疲れさせて芝居の質が落ちてしまうことであろう。秩序に欠けた撮り方をすると、役者からの信頼にも支障をきたすことになりかねない。このタイプは、演出よりも技術的な面に固執しすぎる監督に多い。

撮影量が絞られた「自信家」タイプ

このタイプの監督は、どちらかというと演出家としての自信と映像作りの決断力に優れたタイプである。脚本通りで撮影する監督も、フリースタイルの演出で撮影する監督も、素材の量よりも演出の質にこだわる人が多い。シーンに必要なアングルを抑えて効率的に撮るので、素材を見ただけでどのように繋げるべきなのか一目瞭然。撮り放題の優柔不断タイプと違い、撮影素材の用途が明確なので編集は比較的簡単（オプションがあまりないので）だが、演出において多彩で思い切った指導をする傾向にあるので、芝居を安定させるための工夫に悩まされることがある。特にアドリブスタイルを好む監督だとテイクごとに台詞が変わるので、芝居を繋げる編集が余計に複雑になってしまう。もともと少ない撮影量で編集の仕方が限られるため誤魔化《ごまか》しがあまり利かないので、監督に演出をバッチリ決めてもらわないことには、別段取り柄のないシーンになってしまうリスクがある。このタイプは一か八かの博打タイプかもしれない。

撮影量が計算された「料理人」タイプ

撮影前から撮り方を充分に分析し、画の繋ぎ方を考える研究家タイプ。撮影する量も計算と工夫がされているので、素材を見るだけで監督が素材をどのように調理してほしいか察しがつく。人によっては撮影量が少ないとは言えないが、どのショットにも意図が読み取れるので利用価値がある。このタイプの監督はどのアングルも計算して撮るため、撮影スタッフもキャストも気が抜けない。だからどの素材にも適度の熱意と緊張感がある。このタイプの監督の素材は、色々な料理を美味しくしてくれる一流の材料のようなものだ。どの組み合わせの味付けで調理しても、質の良い映像と演出を可能にしてくれる。

映画がデジタル化した今日、低予算で好きなだけ撮影できる時代だからこそ、監督は技術的な容易さと都合の良さに甘んじてはならない。そして何よりも忘れてはならないのは、役者の芝居のクオリティーを死守することだ。役者がベストな環境の中でベストな芝居ができるために、現場で何を調整するべきなのかを見極める能力は、映画監督に求められる大事な任務と言える。

そのために監督は撮影現場に入る前に、自分の眼で、誰よりも先に作品を「視る」必要がある。

ストーリーボードの重要性

「そもそも映画監督に必要な素質は?」と聞かれると、私は「脚本という文字ベースの情報を視覚及び聴覚化させる素質」と答えるであろう。映画を語って説明する以前に、それを映像で伝達できる能力が求められるからこそ、監督にとってストーリーボード(絵コンテ)は「真の脚本」と言える。

それなのにあまりにも絵コンテを描けない(描かない?)映画監督が多すぎるのはなぜな

のか。実際、絵コンテを自身の手で描くことで知られる映画監督は黒澤明、北野武、ポン・ジュノ、是枝裕和、リドリー・スコットなど、実に数えるほどしかいないのが不思議でならない。

ハリウッド映画業界でストーリーボードが必要とされるのは、主にアクションシーンを撮る時というのが一般論である。特に大規模なアクションシーンはコストが高すぎて何度も撮り直しが利かないので、絵コンテによる事前のカット割りは確かに必要だろう。しかしストーリーボードはシーンのクオリティーの保証目的のためだけに作成するものではないはずだ。非現実的な出来事を格好よく見せるのは、実はそう難しいことではない。逆に、ごく平凡で何気ない空間の中の他愛のない人間の所作をどのような目線で、どう捉えるかによって表現する監督の独特の感性と世界観こそが作り手の個性であり、映画監督の腕の見せ所でもある。

映画は脚本から始まるが、それはあくまで出発点に過ぎない。脚本を地図に例えると、監督は行くべき場所までの地理情報を解読して、最終目的地まで誘導する道先案内人。英語圏では映画監督を"Director"と呼ぶが、フランスでは"Réalisateur"という違いも、興味深い。前者は「仕切る・仕向ける・指示する人」であるのに対して、後者は「理解する・悟る・果たす人」。それはまさに脚本から得た知識を左脳から右脳へ移動させて、視覚や聴覚領域で昇華させる監督の素質そのものをズバリ表現している。目指すべき方向を定める前に、監督は目標の意義と目的地へ向かう動機を知らねばならない。その悟りなくして、本当の意味での監督は務まらない。

そして監督の悟り（realization）を表現する地図が、絵コンテなのだ。映画作品そのものが未だ見たことも行ったこともない目的地ならば、そこに辿り着くまでの地理と道のりを調べ、どこが一番眺めの良い場所で、どこで歩みを緩めて時間をかけるべきなのか、または危険な場所を事前に調べて分析し、万が一の災難に備え、いざとなれば何を切り捨てて進むべきなのか考えながら、あらゆるチャレンジをイメージして覚悟を決める。監督にとってストーリーボードは、まだ実際に肉眼で見たことのない冒険のシミュレーションに過ぎない。物語や人物の形態の谷間や山場、そして環境の描写を想像して伝達できる能力こそが、映画監督たる特質。物語には型があり、型ができれば明暗が生まれる。そして色が見えれば情感（ムード）が生まれ、今度は音（リズム）が聞こえてくるものだ。
後にも先にも、映画監督にとって前期視覚化（Previsualization）能力ほど大事なことはない。「視る」眼を鍛えることは、監督を支える両輪である撮影監督や美術監督とのコミュニケーションをより充実させ、撮影素材の無駄を省くだけでなく、編集者との関係もより能率的かつクリエイティブに進められる基盤を作ってくれる。世界に誇る漫画やアニメ文化を生んだ日本人の天性の才能を信じて、その技術を実写映画製作に大いに応用しない手はない。

今やスマホやPCで自分で撮ったビデオを編集するのが若者の間では日常茶飯事で、ストーリーボードも簡単に作れるアプリも普及している。絵を描くのが苦手な人でも人工知能で簡単に絵コンテを作成できる時代になってきた。どう編集したいかを前提としてスマホで気軽に撮影するという、これまでとは違うフリースタイルで映像作りに日々明け暮れている世代から、将来どのような映画監督が誕生するか、楽しみである。

幼少期を漫画を描いて過ごした私は、絵コンテを描くことにさほど違和感はない。実際、脚本を完成させる前に必ずストーリーボードを描き下ろすことを心がけている。なぜなら絵に落とし込んで映画をシミュレーションさせることで、脚本で見過ごしていた点に気づかされることが多々あるからだ。「なぜこの瞬間は俯瞰の画として視るのか？」「なぜこの瞬間でこのキャラクターに注目したいのか？」「なぜこの場面でこの小道具（や景色）が気になるのか？」など自問していくうちに、自分にとってシーンの何が重要なポイントなのかが明確になることで、脚本がさらに改善される。このように監督の絵コンテ作業は脚本に影響し、脚本は編集を意識し、編集は演出を左右する。この三つの分担作業は連鎖反応で成立する一貫した流れ作業なのだ。映画作りも、non-linear（非線形）。それに気づくだけでも、映画作りのポテンシャルはより広がるのではないだろうか。

脚本、監督、編集という三つの職種は「映像演出」という一つの表現法のフィードバックループ。それぞれがお互いに影響し合いながら映画は流動的に形成されていくものだということを、私は編集術を知ることによって初めて教えられた。

編集・監督・作品の三角関係

誰のための編集であるべきなのか

X監督の新作映画の撮影三週間目。年末休暇を目前にして猛編集の最中、監督はかなり頻繁に編集室に立ち寄ってくれた。これだけ撮影中に意欲的に編集に関心を寄せる監督も珍しい。毎日の撮影で心身ともに疲労が限界に達しているはずなのに（繰り返すが彼は八十歳）、休憩時間や移動の合間を縫ってはコーヒーを手に"How's it going?"とフラッと編集室を訪れるとソファーに腰を下ろし、目を輝かせながら私の作業を見学するのが彼の日課になってきた。撮影現場と並行して進める編集はエディターズ・カットで、編集者が主導権を握っていることを意識してか、監督は「見せろ」とは直接言わないが、好奇の視線が痛いほど背中に感じてやりずらい。遂に期待に応えてあげたい気持ちが先立ってしまい、「まだ未完成ですが……」と断りを入れてから見せた粗編集は、例の大勢のエキストラに何十台ものアンティーク車が総動員された、作品の山場とも言えるダイナミックなシーンだった。

初めてコラボレーションする監督との作業は、最初の出だしが肝心である。撮影素材をどれだけ丁寧に読み込んで素早く処理し、監督の期待以上の出来に仕上げられるかで、編集者への信頼度が決まるからである。だから監督に初めて見せるものは、なるべく完成度の高いものに仕上げたかったので、このシーンは特に腕を振るって編集していた。

監督の信頼を得るには、実技に限る。ここで脚本の指示通りの「監督が期待している」シーンを提供するか、あるいは「映画が必要とする」シーンを優先して編集するかで、編集者も大概二つのタイプに分かれる。監督の要求をあくまで優先的に取り入れた編集に徹するタイプと、監督の意思に反してでも作品の為になると判断した編集をするタイプ。要するに守りの体制か、それとも攻めの体制に出るかの違いだ。

そもそも編集者と監督の関係は、作品を間に挟んだ三角関係である。そしてどの三角関係でもそうであるように、それは微妙なバランスで保たれている（85ページ図版A参照）。

ポスト・プロダクションにおいて、編集者は監督の右腕。そこに「作品」という頂点があってこそ成立する三角関係なので、私たちが貢献すべき相手はあくまで作品である。そのためには監督も編集者も独自の視点から作品と向き合い、お互いに作品を磨き上げることが望まれるのだが、不安定な三角関係による摩擦を避けたいがために、この三角関係の並びを置き換えてしまうことも度々ある（85ページ図版B参照）。

このように監督を絶対的な存在として位置付けるパターンは、この業界ではありがちなこと。監督と衝突してしまうと編集者としての自分の評判に傷がつき、今後の雇用活動に悪影響を及ぼしてしまう恐れがあるからだ。

確かに弱肉強食のこのハリウッドの世渡りに、監督の権力に刃向かうのは自殺行為に等しいかもしれない。不条理なことなのかもしれない。それでも編集者としての自覚と信念、そして義務を貫く姿勢を評価してくれるのも、さすがアメリカ社会の度量と寛大さであろう。異議を唱える個人の権利と言語表現の自由。そして自分の正義を信じて妥協しない精神は、アメリカでは美徳なのだ。

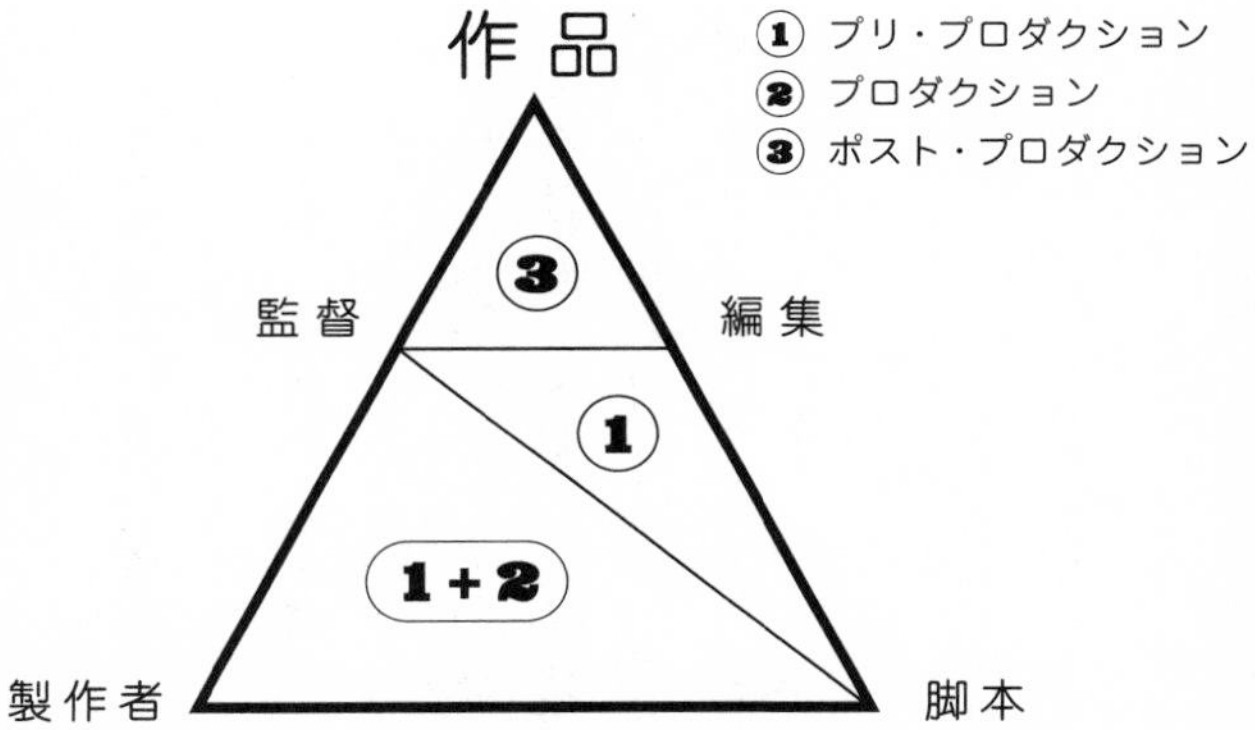

図版A　作品を頂点にした三角関係

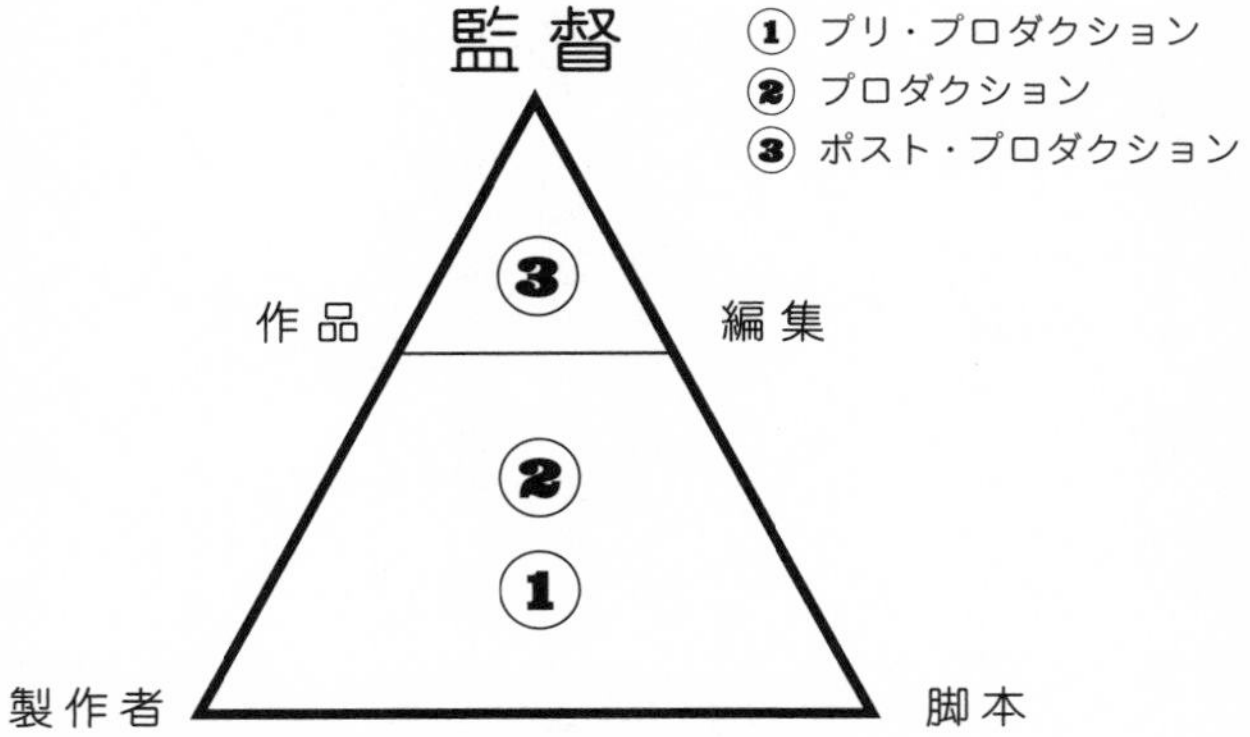

図版B　監督を頂点にした三角関係

その寛大さに、私は幾度となく救われてきた。

マイケル・マン監督との対峙

マイケル・マン監督の映画『ブラックハット』に私が参加したのは、編集が開始されてすでに一年が経とうとしていた頃。その間、著名なハリウッドの編集者が何人も目まぐるしく入れ替わっており、私は最後の仕上げの半年間、追加エディターとして加わった。マイケルとはHBOドキュメンタリー番組『WITNESS』に続く二度目のコラボレーション。以前の作品での仕事ぶりを評価してくれたことで獲得した、私にとって事実上初めてのハリウッド映画の編集だった。

サンタモニカにあるマイケルのオフィスに訪れた初日、監督は私を真っ先に呼び出してこう言った。「マコはビル（ウィリアム・ゴールデンバーグ）やポール（ポール・ルベル）と同類の編集者だと思っている。アーティストとしての君を見込んで採用したのだから、遠慮なく自由に編集してほしい」。ウィリアム・ゴールデンバーグといえば、マイケル・マンの傑作『ヒート』や『インサイダー』、キャスリン・ビグロー監督作品『ゼロ・ダーク・サーティ』や『デトロイト』、最近ではベン・アフレック監督作品『AIR／エア』を手がけた、ハリウッドで私が最も尊敬する超トップクラスの編集者である。「彼らと同類だなんて揶揄《からか》われているのか？」と内心思いつつも、監督のその言葉を「作品をより良くするためなら、あらゆる手を尽くして欲しい」と都合よく解釈した私は、是が非でも期待に応えねばと、自分で自分に喝を入れてマイケルのチャレンジを受けて立った。

それから半年間の編集は、まさに試練の修羅場だった。「マイケルの編集期間はこの世の地獄」と巷で囁かれている理由が身に沁みて分かった。彼のポスト・プロダクションははっきり言って正気の沙汰ではない。際限無く延々と迫る編集課題。一コマも見落とさない監督の徹底したマイクロマネージメントに日々慄きながら、失敗が許されないストレスのもとで20時間の作業がひたすら続く毎日。安易に妥協しない監督の鉄人的なスタミナと探求心についていくだけでも心身が磨り減り、辛かった。監督の機嫌を損なうような下手を打てば容赦無く罵倒され、要求に即座に対応できず結果を出せなければすぐに首が飛んだ。私も未だに意味不明な理由でガンガン怒られた記憶がある。悔しくて泣いたことも二、三度あった。「辞めてしまいたい」と思いつつも、それでも毎回、叩かれれば叩かれるほどメンタルが強化され、彼の課題をクリアしていく自分に自信もつき、難題を解決する快感も覚えてきた。終《しま》いには「マコはストレスに強い」と監督が手放しで褒めてくれたほど、緊急事態で素早く適切な編集が要求される時には直々に指名されるほどになっていた。

映画の完成が終盤を迎え、映画は20世紀フォックスのスタジオで音響ミックスの段階に入っていたにもかかわらず（音響ミックスは編集後に開始するのが映画業界の常識）、ミックスの最中でも容赦なく編集し続けるマイケル。通常ではあり得ない、彼特有のポスト・プロダクションスタイルで強行していたある晩、音響スタッフはもちろん、編集と音楽スタッフ、全ての人間が24時間を超える勤務で体力、精神ともに限界に達した頃、突然マイケルがあるシーンの再編集を要求してきた。よりによって、それは今まで何ヶ月もかけて編集に編集を繰り返してやっとのことで仕上げたシーン。依頼された修正が改善のためならまだしも、監督の要求内容は明らかに出来を悪化させていることは、結果を見れば一目瞭然だった。それでも「これで完成させてミックスし直す」と言い張る監督に、スタッフは全員、唖然としてしまった。呆れ果てて誰も異議を唱える者はいない。それほど皆、疲労の限界を超えていた。

「ちょっと待った！」と声を上げたのは、私だけだった。いくら疲れているからとはいえ、ここで放り投げたら今までの苦労は水の泡だ。最後の最後で妥協して作品に傷をつけてしまっていいはずがないし、後悔するのは目に見えている。監督だってきっと疲労のあまり、判断を誤っているとしか思えない。いくら監督の命令であれ、ここは譲れない。作品と役者のために譲ってはならない。私も極度の疲労で気が立ってしまっていたが、マイケルの判断が間違っているという揺るぎない確信はあった。「監督の判断は正しいとは思えない」と私は恐れ多くも宣言し、頑として引かなかった。

ついにマイケルは編集スタッフ全員を私の編集室に呼びつけて、「私が正しいか、マコが正しいか」の審判を行った。さすがに誰も「監督の編集の方が優れている」と言う者はいなかったが、彼を敵に回してまで私に賛同する者も当然いない。「マイケルの再編集の方が劣っている事実も言えないで、それでもあなた達は編集者なのか？」と、私は必死の剣幕でスタッフに訴えた。するとアシスタントの一人が勇敢にも同意してくれたことで流れが変わり、我々はマイケルの暴走を最終的に阻止することができたのだった。

修羅場をくぐり抜けてようやくスタジオから解放されたのは、夜が明ける頃。朦朧とした意識の中で昇る朝日に目を凝らしながら、フリーウェイを愛車のスクーターで疾走して帰宅したのを今でもよく覚えている。「もうこれでクビだな」と正直、思った。それでもマイケルの圧力に屈しなかった自分を誇りに思い、気分は意外と爽快だった。通常、監督の絶対的な権限に公に逆らうようなことをしたら、致命的なダメージを負う。しかしマイケルはそんな仕打ちはしなかった。この事件は後に「マコはマイケルのお気に入りの編集者だった」という伝説を裏付ける事件となったようである。

「映画はどうせ監督のものだから、好きなようにさせておけばいい」と割り切れば楽かもしれない。でもそうなってしまったら、自分の中の「何か」が失われる気がして怖かった。あの時、もしマイケルに抵抗もせず機転服従してしまっていたら、編集者としての自分を信じることができなくなっていただろう。それこそ編集を続けられていたかさえも疑問である。そう思うと余計にあの事件でマイケルが私を切り捨てなかったことが、どれほど自

〈上〉20 世紀 FOX のスタジオ敷地内　〈下〉数々の思い出が詰まる、著者の愛車スクーター

分にとって心の支えとなってくれたか知れない。あの対峙は、彼に対する反抗ではなく、彼の作品を守る為にクビを覚悟でやったことだということを、マイケルは察してくれたに違いない。

その証拠に追加エディターとして参加していたはずが、いつの間にかジョー・ウォーカー、スティーヴン・リフキン、ジェレマイア・オドリスコルと肩を並べる編集者としてオープニングクレジットに名前が掲載されていた。これはマイケルの配慮によって決められたらしい。

編集者にとって監督との三角関係のバトルは、作品のために避けては通れない儀式のようなものなのかもしれない。

監督に仕掛けた賭け

X監督の作品に話を戻そう。彼に初めて披露した例の粗編集のシーンは、前述したように文句のつけどころのない形で監督にプレゼンしたかった。仮音楽にも気を配り、念入りに編集に編集を重ねた結果、かなりの自信作になったシーンを監督に見せたところ、「最初のカットにしては上出来だ！」と喜んでくれた。これで何とか第一関門は、無事にクリアできた。

ちなみにエディターズ・カットの出来具合は、編集者によって異なるようである。できるだけ荒削りで未完成のままの形を好む者もいれば、完成度の高いものに仕上げる者もいる。私は完全に後者のタイプだ。『ペリー・メイスン』のティモシー・ヴァン・パタン監督は、「ラフカットを見るといつも憂鬱で悲観的になるのだが、唯一そんな気にさせられなかったのはマコのカットが初めてだ」とまで言ってくれたほど、自分はどうも曖昧な編集はできない質らしい。ついつい全力投球してしまうのは「誤解されたくない」という幼年期に養われたトラウマのせいなのか？　とにかく中途半端な表現は誤解を招くことにもなりかねないのは確かなので、自分の思考を相手に確実に伝えるためにはその都度、ベストな形のカットを披露する努力を惜しまない。それに私はハリウッドで数少ない日本人女性の編集者。下手するとセカンドチャンスはない。だから安易に手は抜かれないし、監督に見せるカットでお互いのセンスを確かめ合えるチャンスを無駄にしたくもない。監督にとっても一度しかない貴重なファースト・ビューイングなので、適当には済まされないし、済ませたくない。

監督との相性を試すという意味で、私は名俳優Zが演じる主人公と彼の相棒の会話のシーンに、実は「ある仕掛け」をしていた。

相棒役を演じた役者は全くの素人（Zの旧友らしい）。素人なりの素朴さが彼の芝居を光らせてハマり役ではあったのだが、プロではないので監督の演出指導にどうも応えられず四苦八苦していた。応えようとすればするほど芝居が嘘っぽくなり、何度も執拗にテイクが繰り返されていた中に一つだけ、台詞抜きで撮影されていたテイクがあった。それを見た私は直感で「これでいくしかない」と判断。彼の芝居を表情のみのリアクションを使って編集してみた。勝手に台詞を丸ごと削除するという選択は、演出に関わることなので大きな賭けではあった。監督によってはそこまで演出を左右する編集を毛嫌いする人もいるからだ。

そんな賭けをしたのには、理由があった。このシーンの問題点を利用して演出における監督の柔軟性を探りたかったからである。X監督が台詞なしの演出を気に入ってくれた時、心底安堵した。「この監督なら波長が合う」と確信できたからである。

監督の中には、演技の良し悪しはさておき、脚本通りの芝居に固執する「正統派」と、演出改善のためなら台詞を犠牲にする「即興派」の二通りのタイプがいる。まず共同作業する監督が基本的にどちらのタイプなのかを把握することは、私たちが作業を続けていく上で役立つ予備知識となり、編集の選択肢にも影響するものなのだ。仮に編集者が良しとして選んだ演出を監督が快く思わなくても、それはそれで監督のスタイルをより認知できるきっかけとなる。反対に、良い演出を良いと認めない（または認めたがらない）監督の性質を見抜くことも、その後の作業に非常に役立つものだ。映画編集は監督との密接な作業であるがゆえに、監督の性格とエゴにも順応できる対人スキルも編集者には欠かせない。編集者が監督の「セラピスト」だとよく冗談交じりに言われるのは、このせいだろう。監督も人間。100％自信に満ちた監督などいやしない。あのマイケル・マンでさえ悔恨や悩みや不安を抱きつつ素材と常に向き合っていた。

役者にベストな環境でベストな芝居をしてもらうのが監督の役割なら、監督にベストな環境でベストな演出をしてもらうのが編集者の役割。それにはまず、監督がクリエイターとしてどのような環境の中で仕事をするのが最適なのか、探ってみる必要があった。私が賭けを仕掛けたのは、そのためだった。

ちなみに素人相手に芝居をすることは、並大抵の俳優ではできない。このシーンは、Zによる絶妙なリアクションが相手役の演技を光らせてくれていた。いくら一流の役者でも、相手の演技の良し悪しで芝居のクオリティーが左右されてしまうことはザラにあるし、逆の場合もある。芝居も会話。お互いの言葉の意味を聞かずして、会話は成立しない。どんなに優れた役者のどんなに素晴らしい演技でも、相手を無視して独走しては話にならない。相手役の台詞をしっかり聞いて受けとめている役者の眼は、実に生き生きとしている。聞き慣れた言葉でもそれをまるで初めて耳にするかのように偽りのない聞き方ができれば、反応にも嘘はない。反応に嘘がなければ、相手が誰であろうと嘘のない反応が返ってくる。名演技はこの連鎖反応で生まれることも、私は編集で学んだ。

撮影がクランクインしてからの二週間はかなりハードだったが、私の編集に対するX監督の満足度は上々のようだ。〝See you next year〟と晴れやかに微笑んでくれた彼の表情は、初対面の時に見た硬いものとは打って変わっていた。これで私も、心置きなく日本に戻れる。

年末年始の休暇は、実家の広島へ帰省する目的の他に、実は自分の監督すべき長編映画のデベロップも兼ねていた。

監督の独り言

私の長編映画

私が日本の某映画製作会社とデベロップ中の長編映画は、第二次世界大戦後に広島で医院を開業した祖父を題材にした物語である。四十九歳という若さで母が高校生の頃に他界したため残念ながら会うことはなかったが、彼に因んだエピソードは身内から聞かされて育ったせいか、祖父は私の中で常に生き続けてきた人物であった。

山口県の周防大島の醬油屋の長男だった祖父は、家を継ぐために長崎医科大学で薬剤師（醬油醸造は当時薬剤師の資格が必要だったらしい）になったにもかかわらず、医師になることを宣言。家族から勘当されて一人満州へ渡り、猛勉強の末、奨学金で満州医科大学へ補欠入学後、医学博士号を目指していた矢先に勃発した第二次世界大戦。祖父は戦争で何を目撃して、戦争の何に感化され、何を感じながら終戦を迎えたのだろうか。どんな思いで戦後の原爆症で苦しむ広島の人間たちと日々暮らし、医師としての生涯を閉じたのか、私は知りたかった。

　そう思い始めたのは私も映画監督を志して高校を中退して単身渡米後、自分が広島出身の日本人であることを否応にも意識させられたことが原因だった。アジア人というだけでも不利なのに、「広島から来た日本人」だと言うと余計に面倒な「説明」が伴う経験を当時繰り返していたので、なぜ自分は広島出身でなければならないのかという疑問はいつの間にか亡き祖父への答えのない質問に置き換えられていたようである。実際、祖父があの場所で開業していなければ、私は「ヒロシマ」と無縁だったはずである。自分のアイデンティティーに「原爆」を植え付けた祖父の存在を忘れてしまうことは、何か大事なものを見失ってしまうような気がしていたのかもしれない。

　祖父はなぜ広島を選んだのか。なぜ広島でなければならなかったのか。そこに私が知らなければならない歴史がある気がし始めたのは大学院生の頃。その記憶は自分が映画人である以上、いつか作品として形に残すことになるであろうと予感していた。そして残すべき物語は、祖父にまつわる言い伝えの断片に秘められているのではないかと記憶のままに紙に書き留めたものが、この映画の脚本の原型となっている。

A Girl From Hiroshima

高校一年生で単身渡米して以来、アメリカという国でアジア人であることはハンディキャップでしかなかった。幸いにも私はテキサス州ヒューストン生まれの米国籍保有者。英語も小学校時代に叩き込まれたせいでそれなりに話せたので、他の日本人と比べてハンディキャップは少なかったかもしれないが、当時は誰もがアジア人であることをできるだけ忘れてアメリカ社会に溶け込もうと必死だった。

「日本のどこから来たのか」と聞かれるたびに、「トーキョー、オーサカ、キョート」と答えたならアメリカ人と何ら他愛無い会話が弾むのだが、〝I'm from Hiroshima〟と言った途端、心なしか空気が冷えてしまうのを肌で感じていた。「ヒロシマ」に相手が反応するまでの数秒の間が当時17歳の私には、無性に長く感じられた。何か気の利いたことを言って相手の緊張をほぐすべきなのか。それとも「触らぬ神に祟りなし」で知らん顔をするべきなのか。原爆被災地の広島から来たことで余計に煙たがられて差別されるのではないかという不安も正直、無くはなかった。次第に気づいたのは、アメリカ人にとって「ヒロシマ」は戦争を終わらせるために犠牲にした場所で、それは今だに都合よく死んだままだということである。私が育った故郷とのギャップがあまりにも大きすぎてどうもお互いの認識が噛み合わない。会話が進まない。まるで原爆投下後を生き続けた「ヒロシマ」を知ることは、彼らの方程式には割が合わない何かを知ってしまうことを意味して、それを本能的に避けようとしているように感じられたのは気のせいか。

ひょっとするとそれは、一度知ってしまうと別の物語が始まってしまうことへの敬遠だったのかもしれない。

とにかくあの居心地の悪い間は、原爆を落としたアメリカと落とされた日本の間に今なお憚る認識の溝に違いない。戦後八十年と経っているのにもかかわらず、いまだにあの溝を埋めるものが沈黙しかないということはどういうことなのか？　あれは双方にとって一体、何を意味するものなのか？　あの沈黙を埋める言葉があるとしたら、それは何を語るべきものなのか？

今を生きる広島人にとって、そして人類の歴史の物語の中で「ヒロシマ」は転結（終わり）ではなく起承（始まり）だという捉え方がアメリカ人にできないのは、彼ら自身の語り（narrative）に囚われたままだからではないだろうか。あくまで原爆を落としたのは戦争を終わらせるためという肯定の行為であり続けたい気持ちがそうさせるのか。しかしそれではいつまで経っても会話が成立しない。「ヒロシマ」こそが新たな歴史の原点としての物語だということを相手と共有しない限り、会話の流れはリセットできない。あの沈黙を埋める物語を創りたい、いや、創らねばならないとずっと思い続けてきた。

そしてやっと今、それができる時機がやってきた気がしている。

以前はハンディキャップでしかなかったアジア人というレッテルが、今のハリウッドではアドバンテージとなっている今、待ちかねていた私たちの出番がハリウッドに訪れて、日本人が語りかけられる時代が到来しつつある。今まで閉ざされ続けてきた扉が開放されようとするこの機会に、どんなメッセージを世界に発信するのか。日本人として伝えたいこと、伝えるべきことは何なのか。世界に見てほしい「日本の姿」とは何なのか。そんなことを真剣に考えるべき時が遂にやってきたのだ。
『パラサイト 半地下の家族』が巻き起こしたアジアブームのおかげで、ハリウッド映画業界ではアジアのコンテンツの需要が高く、実際これほどアジアに貪欲になっている現象をかつて見たことがない。一時的なことかもしれないが、ひょっとすると今まで私たちが、いや、世界が崇拝し続けてきたハリウッドの絶対的な権力で君臨した時代に幕が下りようとしている前兆なのかもしれない。

ハリウッドの仲間入りを願う日本人が時代遅れになるのは時間の問題だろう。もはやハリウッドに媚びることも遠慮することもないし、彼らに振り回される必要もない。逆にハリウッドを利用するくらいの図々しさで攻める日本であってもいいのではないか。ここでグローバルな映画産業において日本が持つ貨幣（currency）とはなにかを考えたい。明らかに産業的価値のあるもの（漫画、アニメといったＩＰもの）はさておき、海外市場で日本が持つ芸術的特権にも貨幣としての価値があることに日本の映画産業が気づくのは、一体いつなのか。グローバル化が進む世界の映画市場の中で求められる日本の姿勢については、第三章で触れてみたい。

新世代の日本の映画界は、今後どのような構えでハリウッドと応戦するのだろうか。

初めての邦画編集体験で学んだこと

実はつい数年前まで、私は日本の映画業界とは全く縁がなかった。それがとある数奇な縁で紹介された日本人の某プロデューサーから「時代劇の編集をしてみないか」というお誘いを頂いたのが『サムライマラソン』だった。

映画の出演者は佐藤健、小松菜奈、森山未來、染谷将太、竹中直人、青木崇高など豪華な面々。そのうえ衣装は日本が誇る、故ワダ・エミが手掛け、音楽は画期的なミニマル・ミュージックで著名なフィリップ・グラス。そして撮影監督は『るろうに剣心』シリーズを撮影した石坂拓郎。実は以前にＸ ＪＡＰＡＮの映画を編集した際に、ＹＯＳＨＩＫＩの関係者から石坂さんのことは伺っていた。お会いする機会を逃していたのでこれも何かの縁だと思い、この日英合作映画の仕事のオファーに関心を持った。そして何よりも私の好奇心を煽ったのは、この時代劇を外国人監督に撮らせようとしている日本人製作チームの型破りな戦略であった。ロサンゼルス在住の英国人監督バーナード・ローズがバイリンガルの編集者を探しているということで、私に白刃の矢が立った。

日本の映画界が未経験の私にとってこの日英合作映画は、日本の映画作りのノウハウを学べる絶好の機会のように思えた。何よりも日本の役者の演技を編集しながら勉強できる絶好のチャンスだ。快く引き受けてみたものの、ハリウッドスタイルの映画作りしか知らない身としてかなりのカルチャーショックを受ける結果となってしまった。

ジャパニーズスタイルの一体何に、ショックを受けたのか。

まず最初に言えるのは、ギャランティーの低さであろう。数字的にはアメリカで私が通常稼ぐ金額の二割ほどで、当初は何かの計算間違いかと疑ったほどだったが、初めての邦画製作だったのでハリウッドの尺度で対応しては失礼だと思い、苦情は控えて水に流した。とはいえ、もしあれが日本の編集者が稼ぐ標準のギャラなら、これは徹底的に改善すべきであろう。編集者の労働時間及び芸術的、技術的なインプットとアウトプットに対して、あの程度の見返りでは釣り合わない。

次に言えることは、アメリカと日本における編集者の立場とその価値に対する認識の違い。いつも通りに脚本を読み込み、フィードバックを日本の製作側のスタッフにお渡ししたところ、先方が驚いたことに、正直、こっちが驚いた。聞くと日本では脚本について編集者から詳細なコメントをもらう慣習があまりないらしい。「上綱さんから頂いたフィードバックを脚本家と共有して、折り返しご相談させて下さい」と言われた数日後、幸いなことに脚本家も私の意見に同意してくれたらしく難なく事は進んだが、後々日本人スタッフから「ハリウッドではプリ・プロダクション段階で編集者がこんなに発言権を持つとは知りませんでした」と言われ、彼らの立場からしても、私を採用したことでかなりのカルチャーショックを受けていたことに気づかされた。

実際、日本人で知り合いになった某編集者曰く、日本では映画編集者をクリエイターとしてよりも技師的な扱いをするのが常だという。ちなみにその編集者は、日本の超大物映画監督の専属編集者として大活躍している方である。それでもやってくる仕事のオファーは、「スケジュールが空いているか空いていないか」が交渉の基準になるらしく、編集者の個性や芸術性、そして監督や素材とのフィット感などといったクリエイティブな面での配慮はあまりされないという。脚本も読まされないまま採用されることもあれば、監督との面談などない場合が殆どだという。日本における編集者の権利と立場はアメリカと比べて弱いことは予想していたが、これほどまでとは思いもしなかった。最も驚かされたのは、編集期間が信じられないほど短いことだ。日本の製作基準でも高額な製作費で作られた大掛かりな映画ですら、ほんの二ヶ月程度で編集を完成させなければならないという。二ヶ月というと、アメリカで最低保証されているディレクターズ・カットの十週間にも満たない期間。そんな短期間で映画編集を完成させる日本人編集者の腕力に頭が下がると同時に、技術的に優れた彼らがもし時間の猶予を与えられたら、どれだけ優秀な編集ができるだろうと、残念に思えてならなかった。

もう一つ残念に思うのが、外国人スタッフに対する日本人の腰の低さと遠慮であろう。合作映画とはいえ、日本の役者の芝居で成立する邦画である以上、日本人が納得できる芝居であるべきなのだが、製作をするうえで外国人との権力のバランスがアンバランスになりがちに感じられた。「海外が要求する日本」を意識するのはいいが、意識しすぎるのは、日本人の親切心からなのか。とにかく外国人の要求を優先してしまいがちな傾向はどうしたものか。彼らに対する遠慮なのか。相手が欲しい日本を提供したいという過剰なおもてなしの表れなのか。それとも外国人には日本のことなど所詮理解できるはずはないという一種の諦めなのか。

いくら海外とのハイブリッド映画とはいえ、日本人が譲るべきではない部分を譲ってしまっては合作の意味と価値が失われてしまうのは目に見えている。日本人として納得がいかなければ堂々と異議を唱える姿勢は、グローバル化が進む映画業界で今まで以上に必要になってくるはずであろう。まだまだ欧米の権力に押され気味なのは、単に言葉の問題のせいだけではない。映画製作において欧米諸国が独占してきた優越性を、無条件で肯定し続けてきた日本人の潜在意識的な概念と慣習がいまだに根強いからではないだろうか。

外国人に時代劇を撮らせる戦略も良いが、日本人監督に海外志向の異色作品を撮らせる戦略も時代の流れに相応しいのではないだろうか。外国人が日本に対して抱くある種のフェティシズムを継続させることが、果たして日本の将来のためになるのか疑問が残る。異国が欲しがる「ジャパン」のイメージから日本を解放して、逆に新しい世代の日本の監督たちを世界に輸出するための斬新な企画開発と投資モデルを考察することが、今後の邦画産業の成長に繋がるのではないだろうか。

既成概念に囚われた日本をリサイクルして海外へ売り続けるよりも、新しい日本を積極的に買わせる度胸のある日本のプロデューサーが近い将来、世界の土俵で活躍してくれることを期待したい。

編集秘法 #3

編集で続けられる撮影

映画『サムライマラソン』

この映画は従来の時代劇スタイルでありながらも、現代に響くテーマが投入されていたことが魅力的に思えた作品だった。当時はちょうど〝#Me Too Movement〟が世界に旋風を巻き起こし、セクハラやパワハラ問題がグローバルな社会現象として取り上げられていたので、小松菜奈さんが演じるヒロイン役のお姫様が男性的で勇ましい活躍をする自立心旺盛な近代女性という設定が、海外の観客にも新鮮かつ共感できる要素に思えた。

そもそも外国では未だに「日本人女性＝おしとやかで従順的」という印象が板についたままなので、そんな古臭いイメージを覆すのは爽快だし、ヒロインと三角関係になる二人の対照的な相手役の絡みも、脚本を読んで面白かった。しかも東京オリンピックを目前にして、日本のマラソンの発祥といわれる歴史的題材を扱った物語という点は、タイムリーな話題性が含まれており、時代劇でありながらもモダンな課題を風刺した可能性に満ちていた。

しかし撮影された素材を見た時、シーンがほぼアドリブで演出されているのに驚いた。それにカメラアングルも少ない上、長回しが多い。これでは編集に使える素材が極端に限られてしまう。繋げる素材に制限があるということは、一つの素材を延々と使うしか方法はない。そうなるとシーンの展開のリズムの調整が難しい。編集で魔法をかけようにも、材料が少なすぎるので、悩まされるパターンだ。さて、どうしたものか。

誤解のないように言っておくが、この問題は撮影ミスではない。アドリブという演出スタイルを選んだ監督の意図に沿った撮影の結果である。これはこれで勇気ある決断だったし、それがこの作品の独特のDNAとなっているのだが、編集者にとってこれほど難解な編集を私はかつてしたことがなかった。

そこで大いに活躍してくれたのが、撮影素材の〝撮り直し〟と言われる編集テクニックである。つまり撮影された素材を編集で人工的に加工することで、画を化けさせる編集技だ。

映画製作のデジタル化初期の時代は、少しでも画像のサイズを人工的に調整しようものなら画質が一気に落ちたが、最近の高画質デジタルカメラの高感度のおかげで、今ではかなり自由自在に素材の画面の構図サイズを編集で操れるようになった。画質レベルが高いということは、撮影素材の構図内の被写体にズームイン（40％ほどの割合で拡大）したり、リフレーム（画面の構図を再構成）できることを意味する。例えば五人の登場人物が揃って映っているワイドショットをクローズアップして二人だけにすることで、全く新しい画の構図を生み出すことをいとも簡単に可能にしてくれるのだ。そして必要とあれば、静止画に人工的なプッシュイン（役者の顔に徐々に迫るカメラの動き）を加えたりすることもできる。

そもそも撮られていない構図を編集室で勝手に作り出してしまうのは撮影監督に申し訳ないと思いつつも、シーンをベストな形で仕上げるための手段であれば、それが魔術師としての編集者の役目だと割り切り、遠慮なく〝撮り直し〟をさせてもらう。場合によっては撮影時のミスも同じテクニックを使って修正したりするので便利な解決法なのだ。例えば構図の中の被写体のバランスが悪ければ、画像をサイズ調整して修正することができるし、構図の中に邪魔なものが映っていれば拡大画像で不要な部分を構図外に押し出すことだって簡単にできてしまう。

このように一つのショットから複数のショットを生み出したり、未撮影の構図を作ったり、さらに静止した被写体に動きを加えたりと、編集者は撮影監督の代役も陰で果たしているのである。もちろん画像の色だって自由に変えられるし、カメラや役者の動きのスピードを速めたり遅くしたりもできる。撮影済みの限られた素材でも編集でいくらでも……とまではいかないが、ある程度なら〝撮り直し〟ができてしまうのだ。これぞデジタル技術が可能にした編集技法の隠し技。制限された素材から編集に必要な新たな素材を創り出す秘法である。

ちなみに私が編集で手を加えた人工的なカメラワークに気づく監督は稀にいても、それに文句をつけた監督は一人もいない。

日本の喜怒哀楽について一言

『サムライマラソン』完成後、ローズ監督になぜアドリブ演出をしたのかと尋ねてみたところ、「日本人の役者の台詞の言い回しが硬い印象を受けたので、もっと自然な芝居をしてほしかったから」という答えが返ってきた。欧米風の演出に慣れ親しんだ監督なので無理はないと思う反面、日本の役者の芝居のどこが監督の眼に硬く不自然に見えたのか、疑問に思わずにはいられなかった。同時に、果たして彼のアドリブ演出が芝居に良い効果をもたらしたのか、考えさせられた。

そもそも役者なら誰でもアドリブで芝居ができるわけではない。欧米の役者でさえ芝居をアドリブでこなせる人は稀である。しかも俳優に自由を与えれば良い結果が得られると言う保証はどこにもない。役者に即興で台詞を言わせて芝居を成立させるアドリブ演出は、実は相当なリスクを伴うものでもある。シーンの本質的な意図とルールを演出家と役者が確認し合っていないと、とんでもなく脱線した使いものにならない芝居を生んでしまうこともあるからだ。

欧米風の喜怒哀楽は、日本人のそれと比べて派手で見栄えがするため率直で分かりやすい。分かりやすいということはすなわち、共感しやすいというのが一般論である。しかし映画は、そもそも「見えないものを見せる」ことができる媒体である。「見せる」演技よりも「見せない」演技の方が見栄えがするはずなのだ。『サムライマラソン』を編集しながら、登場する出演者の表情や所作を観察しつつ、日本人と欧米人の芝居の違いについて思いを巡らせずにはいられなかった。そして行き着いた結論は、日本人には日本人特有の喜怒哀楽があり、それは欧米のものと比較しても決して捨てたものではないということ。出演俳優たちの感情豊かな表情を目の当たりにして、彼らの奥ゆかしい表現力に改めて感銘を受けた。

言葉にできない表現。言葉にしてはならない感情。日本人は言わずとも分かり合える世の中で日常を生きている。この「日本人同士だからこそ理解できる信頼」は、芝居の中でも、映画作りの環境の中でも常に存在しているものなのかもしれない。しかし「分かってるよね」とか「分かり合えてるからいいじゃん」で流してしまうのは、どこか勿体無い気がしてならない。分かり合えていることを可能にする〝得体の知れない何か〟こそが、日本人特有の受け継がれ育まれているネイティブな感性だからだ。それを曖昧なままにあしらわず、その本質を理解する努力も必要なのかもしれない。なぜならそれが日本人の表現能力の基盤であり、それこそが欧米人が真似できない、彼らとは別格の日本の芸能資産でもあるからだ。

一時期、『リング』や『呪怨』などのJ－ホラーが世界的なブームを巻き起こしたのを覚えているだろうか。あのジャンルの驚異的な成功の裏には、日本独特の思想概念があると睨んでいるのは私だけではない。例えば「情け」の概念。これは善悪の区別がはっきりしている欧米思想にはない概念の一つで、どんな悪にも情けをかけられる善が肯定できる日本人の発想は、西洋では常識外れなことなのだ。善悪が対立せずに共存して同化さえ可能にしてしまうアジアの自然概念は、全ての生命体に神（命）を宿すことができる。すなわち「悪を理解すること、悪に寛容になれること、悪を許すこと」の原理こそが、欧米人の理念では理解を絶する何よりも恐ろしい現象だったのだ。

欧米人にとってJホラーは、怪物や幽霊などという非人間的な存在をヒューマナイズさせ、それに感情移入を可能にすることで、悪に対する恐怖を今までにない複雑かつ新鮮な恐怖として体現させたジャンルだった。善悪のバリアが失われてしまう不気味さ。悪にも同情できる人間の本性。そんなアンビバレンスな世界観と価値観に、欧米人は底知れぬ異質な快感を覚えたに違いない。

外国の監督が日本人の俳優を演出したり、日本人監督が外国人俳優を演出するとどこか違和感が尾を引くのは、欧米の尺度では一筋縄ではいかない日本人独特の思想概念と感情表現に基づくものだからかもしれない。だとするとこれは日本人の映画演出において、とてつもない威力を放つ武器になるはずである。

能と映画の共通点

日本の古典芸能である能の喜怒哀楽は、あくまで「動作」を意味するという。

例えば、「喜」。これは動きで表せば、「開く」所作（扇を開く動作＝心を開く＝嬉しい）。次に、「怒」。これは「打つ」所作（閉じた扇で空を切る又は叩く動作＝怒り）。「哀」は「しおり」

や「萎える」所作（体が閉じたり折る動作＝悲しい、もしくは座る動作＝深い悲しみ）。「楽」は哀の動作の角度を変化させることで表現される。

このように能における全ての感情表現は、発声や表情によるものではなく、あくまで眼で捉えられる動作に託し、その動作の強弱の加減で感情の旋律（音量）を調整する。日本人にとって感情は言葉である前に「姿」なのだ。言わない、言えない言葉を型や所作によって表現することが日本の芸能のＤＮＡであるならば、これほど映画演出に適した表現法はない。

余談だが、能の世界では能面をつけることを「かける」と言い、まさに魔法にかけられて何かが憑依する意味合いがこもっている。能の仮面は一定のもの。それでも物語によってかけられた仮面の動き加減に心情の陰影を投影することで、さまざまな感情表現を可能にする能楽。主人公の一定のショットの喜怒哀楽の加減を、前後のショットと繋いで意味合いを調整するという、編集でかける魔法とどことなく似ている気がしないでもない。「いつ、どの瞬間で動作を切り、どの動作に繋げて見せるか」で観客に情動を引き起こさせるのが編集者の仕事なら、極端に言えば台詞や感情表現が無くても、役者の手や体の動きや眼の動きなどの所作の振り付けだけでドラマを成立させることができるはずである。そして台詞と台詞の「間」という静止した状態の所作さえもマイナスではなくプラスの計算された動きとして活用できる。[*4]

演技は仮面。仮面をかけることで魔法がかかる。喜怒哀楽の仮面を観客の眼にどう映すかで、数えきれないニュアンスの人間の心の動きを表すことが能楽師の醍醐味ならば、どんな映像でも見せ方次第であらゆる感情を観客に感じさせることができるのは、編集者の醍醐味と言えるであろう。

編集が「かける」罠

どんな映画を編集する場合でも、私は初めて素材を下見するとき、芝居に引き込まれる瞬間を見逃さないようにしている。つまり「見せられる」演技よりも「魅せられる」演技。すなわち人を惹きつける力のことである。

---

*4　235ページ「編集秘法#9　沈黙はドラマ」参照

人は見るべきでないものを見たがるし、聞いてはいけないことを聞きたがる。知ってはならないことを知りたがるし、行ってはいけないところに行きたがる生き物である。未知なる世界への恐怖心を好奇心に置き換えることができる唯一の動物が人間なのだ。わざわざ観客に親切にエサを投げて動機を提供する必要はない。むしろその逆であっていい。隠したエサをチラつかせながら観客を物語の核心へ、あるいは登場人物の心の闇の中へと誘い込むトリックこそが、編集の魔法の本質なのだ。

第2章では、編集に欠かせない魔法のテクニックを、具体例を交えて紹介していきたい。

集の
ざる魔術

第2章 映画編

知られ

編集によって極められる演出

撮影復帰

ロサンゼルス経由で年明けの月曜日の早朝六時にシンシナティへ到着したその足で仕事場へ直行。溜まっていた四日分のデイリーズの処理に休む間もなく仕事を開始したその週は、時差ボケに悩む暇もなく食事の時間も惜しんで編集室に籠り切りで作業した。週末の休日でリラックスできるのを首を長くして待っていたのだが、あいにく土曜日も監督と作業するはめになってしまった。というのも「最悪の場合、撮り直しをしなければならないシーンがあるから、至急、その必要があるか判断してくれ！」とプロデューサーから切羽詰まった電話が数日前に入ったからだった。

早速、問題視されている素材を見てみると、なるほどプロデューサーがパニックに陥った訳が理解できた。いつものアドリブ式の演出スタイルで撮影された素材は、テイクごとにZの台詞回しが大幅に変わっているだけでなく、手持ちの撮影手法だったため、カメラワークに安定感がない。しかも常に動いている状態なので、芝居のポイントを押さえるタイミングが毎回、違う。同じテイクが繰り返されないということは、どのテイクも一発勝負。それにひときわ長い会話のシーンなので、役者がところどころで台詞を飛ばしていたり（時には誤った台詞を口走っていたり）と、技術的な不規則さが確かに目についたが、演技的には決して悪くない。私の第一印象としては、撮り直しが必要なほど救いようのない素材ではないように思えた。

しかしそれを口頭で説明したところで納得してもらえるほど安易なシーンではなかったので、実際に編集して、撮られた素材で充分満足できるシーンになることを製作側に証明して安心させてやらねばならない。腕を振るって仕上げた粗編集を監督に見せたところ、彼も「再撮影の必要はない」と判断。案じるどころか期待以上の出来栄えのシーンに上機嫌だった。プロデューサーからもお礼の電話をもらい、緊急事態は難なくクリア。再撮影となると予算を大幅にオーバーしてしまうので、彼の立場としては何としてでもそれは避けたかったに違いない。このように現場の緊急事態に即対応できることは、編集と撮影を同時進行する大きな利点でもある。

次の週も、暇さえあれば編集室に足を運ぶX監督。前章でも触れたが、撮影が行われている間は正式にはエディターズ・カット中なので、他人（監督を含む）に編集中のカットを見せる義務は編集者にはない。未完成のシーンをむやみに見せると誤解を招いたり、無駄なフィードバックや変な噂が持ち上がったりして面倒なことにもなりかねないため、エディターズ・カットが完成するまでは誰にも見せないのだ。それに撮影中はただでさえ多忙を極めるので監督は編集にまで気が回らないのが普通なのだが（人一倍編集にこだわるあのマイケル・マン監督でさえテレビシリーズ『TOKYO VICE』の撮影中は一週間に一度、編集室に来るか来ないかの頻度だった）、それでもせっせと撮影の合間を縫って編集室へ熱心に通い詰めるX監督。「ちょくちょく顔を出すのは、私の編集を信用していないからではないでしょうね？」と皮肉交じりに言うと、目を細くして笑っていた。

本作品の見せ場はなんと言っても名優Zが一人二役を演じるシーン。知的で洗練された政治家タイプの主人公と、熱血漢で暴君だがどこか憎めない殺し屋という対照的なキャラクターを演じ分けるのだから、お見事である。この映画の成功は一人の役者がこなす二役の「共演」にかかっていると言っても過言ではなかった。

それほどの重要な共演シーンを、編集でどう捌くべきか。

まずは二人の関係性について考えてみた。彼らは幼馴染で親友同士。お互いの考えを見透かせるほど知り尽くしているはずだろうし、何といっても二人とも生粋のイタリア人。彼らの会話にはきっと独特のリズムがあるはずだ。そこでまず二人の会話を少しペースアップしてみることにした。台詞を多少オーバーラップさせることで、以心伝心にも似た馴れ合いを表現してみると、監督もそのリズムが心地良かったようで満足そうに頷いていたのはいいが、それによって今度は新しい問題が浮上してしまった。Zの声である。彼が演じる二役の登場人物同士の会話がリアルに響けば響くほど、声質が同一人物のものだというとがバレてしまう。視覚的には絶妙な特殊メイクで二役の特徴の違いは見分けられても、声帯まではいくら名優でも全く別のものに変えることはできない。恐らく人工的な技術の補足が必要だろうと思っていた矢先、監督も同じことを考えていたのか、早速音響技師にZが演じる二役の音声ファイルを送り、音帯のピッチを変えて波長調整するよう指示していた。

視覚情報は比較的誤魔化しが利きやすいが、聴覚はそうはいかない。人間は、音には驚くほど敏感である。しかも、聴覚による認知能力は聞こえてくる情報だけ処理しているわけではない。空気の流れや呼吸のリズム、沈黙さえも「音感」として捉えることができるので、音で溢れる時空間も、音の無い時空間も、映画だからこそ活かせる表現要素なのだ。観客の聴覚による認知能力と解読力は、映画編集に大いに役立つ、頼れる五感の一つである。

編集のマジックは、観る人の参加と協力なしではあり得ない。映画の作り手と観客の協約なる信頼があってこそ、映画の威力はフルに発揮されるものなのだ。

この章では、映画を作る側と観る側の共依存性について考えてみたい。

俳優兼監督ティム・ブレイク・ネルソンからの贈り物

編集者の最も大事な作業は、「演出を調整して、磨き上げること」だと私に教えてくれた二人の恩師がいる。一人はティム・ブレイク・ネルソン。『オー・ブラザー!』でジョージ・クルーニーとジョン・タトゥーロの三人組の一人を演じた役者として、そしてコーエン兄弟監督の常連俳優としてお馴染みの人は多いと思う。映画監督としてのキャリアも積む彼の監督作品『Anesthesia（原題）』をニューヨークで編集させてもらうという機会に恵まれたのは、確か2014年の冬だった。

この映画はサム・ウォーターストン、グレン・クローズ、クリステン・スチュワート、マイケル・ケネス・ウィリアムズなどの実力派俳優たちが出演する群像劇で、マンハッタンの路上で起きた殺傷事件の裏で繋がる人間模様を描いたドラマである。映画のタイトル（「麻痺」の意）から察せられるように、様々な形の欲望（酒、麻薬、性欲）に依存して自我を麻痺させなければ生きていけない現代人の葛藤をテーマにしたアート系映画で、偶然にも映画の主人公は私の母校でもあるコロンビア大学の哲学教授という設定だった。監督自身、アイビーリーグ出身でジュリアード音楽院で演劇を学んだ超エリートで、ニューヨークのトップクラスのアーティストの一人。会話の内容も芸術、文化、政治、歴史、哲学、全ての分野において舌を巻くほどの教養の深さを感じさせる一方、「シンゾー・アベ、シンゾー・アベ」とやたらと安倍元総理の駄洒落をひょうきんに口走ったり、異文化に好奇心旺盛でユーモアに富み、私をよく笑わせてくれた。

監督が現役の、しかも実力派と評判の俳優であることが、実は私がこの仕事を引き受けた理由でもあった。技術的な撮り方に執着しがちな映画監督とは違い、俳優としても非凡な才能を持つ彼の演出技術を、間近で観察してみたかったのだ。監督の素材から読み取った演出の特徴はずばり、役者への信頼。俳優にシーンを委ね、決して急かさず、役者たちが自然体で細かいニュアンスが活きてくる演出を引き出す環境づくりが特に印象的だった。何よりも感心したのは、役者の首尾一貫した芝居の所作が、毎テイク、一糸乱れず繰り返されていることである。どのショットに繋げても動作がぴったり一致してブレがない（編集者にとってこれほどありがたいことはない）。同じ動作を同じタイミングで繰り返し演じられるのは、役者が役柄の動機のロジックを熟知している証拠である。役柄の心の動きを忠実に反映する所作に嘘は一欠片もない。役者と役柄が一心同体となった偽りのない空間での演出に目を見張った。

ティムの演出のもう一つの特徴は、役者の台詞の絶妙なリズムである。脚本も執筆した彼は、やはり役者の呼吸を読む能力が優れているのだろう。耳が鋭く、頭の回転も速い。そんな彼からある日、「役者が息を吐く前にカットしてほしい」と頼まれたとき、思わず「なぜ?」と聞き返したことがあった。するとニヤッと笑った彼が「面白いトリックを教えてやろう」と提供してくれた秘法は、役者の呼吸についてだった。

監督曰く、役者が息を吐く前、もしくは吐いた後のどこにカットを入れるかによって芝居の解釈が変わってくる。役者の呼吸のタイミングを意識した編集をすることによって観客の呼吸、つまり彼らの精神状態もコントロールできるという。例えば役者が息を深く吸った瞬間でシーンを終わらせたとしよう。すると観客も息が止まった状態で緊張感が保たれたままストーリーが進むので、テンションの持続が要求されるサスペンスやアクション、またはホラー映画の編集に適する一方、逆に役者が息を吐き終えたところでカットが入ると比較的落ち着いた状態でシーンが収束するため、ある種の達成感が漂う。これは感情の流れにピリオドを打ちたい時、あるいはストーリーを完結させたい時に用いる手法。役者の呼吸のタイミングを意識してそのリズムに応じて編集することで、観客の呼吸のリズム、すなわち心情も操作できるという編集秘法は、演技は眼で見るだけではなく、耳で感じるものでもあることを私に教えてくれた。

役者の呼吸も、芝居のうちなのだ。

ティムから学んだ編集秘法の応用を、映画『Anesthesia』から、いくつか例をあげてみたい。

編集秘法

編集秘法#4 役者の呼吸

電話越しの沈黙の意味

（映画『Anesthesia』より）

映画の登場人物の一人である黒人の薬物依存症患者が、入院中に弁護士の幼馴染に電話をするシーンがある。患者は心細いのか、親友に戻ってきてほしいと懇願するが、出張先の弁護士はそれができない。〝I love you〟と薄情に言い残して電話を切ろうとする彼に失望する患者。彼が絶句したままの数秒間、電話越しに聞こえてくる上品なクラシック音楽は、自分とかけ離れた世界の人となってしまった親友の出張先のホテルのBGMだった……。

〝I love you〟と言われても言葉が返せないでいる数秒の沈黙の間、ホテルのＢＧＭの意味を患者の呼吸とともに感じとることで彼の悲壮感と劣等感が伝わる演出は、編集によって工作されたものだった。もし〝I love you〟と言われて患者がすぐに電話を切っていれば、それは彼の怒りと苛立ち、すなわち親友を拒絶する攻撃的な行為の表現になっていただろう。仲違いのシーンとして済ませるよりも、電話越しの沈黙をあえて人工的に作り、彼にそれを聞かせることで、その呼吸が見捨てられた者の言葉にならない複雑な心境の余韻を語ってくれた。

心の呼吸は上の空

（映画『Anesthesia』より）

もう一つの例は、上記のシーンの直後に起こる。自分勝手な理由で親友を見捨てた弁護士は、罪悪感に苛まれながらも元カノの女性とホテルのバーで飲み続けるのだが、実はこのシーン、脚本では濃密で色気たっぷりの会話が交わされていた。彼らの台詞をあえて断片的に（時には丸々削除して）映像モンタージュのみで表現した理由は、弁護士の「心の呼吸」はきっと上の空だと判断したからである。親友に応えられなかった後ろめたさに苛まれている彼は、女性と戯れている自分を内心認めたくなかったはず。だとしたら「聞こえているはずの会話も聞こえない演出」、つまり彼の意識を現実から引き離してやることが正解に思えた。うわべの振る舞いはどうであれ、彼の本心は「意識の呼吸の乱れ」で暴露《ばれ》るはず。このシーンのモンタージュは、彼の真の呼吸のリズムとは何かを考えた末の編集だった。

鳴り続ける心電図モニターの意味

（映画『Anesthesia』より）

映画のラストシーンは、殺傷事件で瀕死の主人公である老教授の人工呼吸器と心電図モニターに繋がれたままの顔のアップから、ふっと黒い画面に変わって終わるのだが、実は黒い画面の中で心電図モニターの「ピッ、ピッ、ピッ」という響きが鳴り続けるべきか否か、監督とかなり議論を繰り返した。なぜなら観客に託す映画のテーマが、この音の演出にかかっていたからだ。映画が終わると同時にその効果音が鳴り止むという選択もあるにはあった。しかし、老教授の映像が消えてもモニターが鳴り続けることの意味も捨てがたい。これは「主人公は生き残ったのか？　死んだのか？」という筋書きであるプロットを左右するだけでなく、映画のトーンにも大いに影響する決断でもあった。

仮に心電図モニターが鳴り続けたとしても、老教授が息を吸ったところで映像を切るか、吐き終えたところで切るかによって感情の温度も変わってくる。「老教授の呼吸が継続されるポジティブなエンディングが相応しい」という私の意見に対して、監督は「呼吸も映像も突然真っ暗になるショッキングでネガティブなエンディングでも構わない」と言っていたのを思い出す。どちらが正しいかという問題ではないし、正解など無いのだが、無いなりに監督と編集者が議論を続けること自体に意義が感じられた。実際、誰も気づかないところで監督と討議に討議を重ねた些細なディテールの選択の積み重ねこそが、観客の映画鑑賞体験を豊かにしてくれる要因になるし、観客もそれを無意識的にでも敏感に感知してくれるものなので、いくら目に見えないからと言って侮ることはできない。

息を呑む演技

（X監督新作映画より）

最後に、X監督の新作から例を挙げてみたい。主人公が暗殺されかけた現場を訪れた彼の妻がガラスの壁に残った夫の血痕を目撃して動揺するシーンがあるのだが、妻役を演じた女優の芝居に何とかもう少し手応えのあるインパクトが加えられないかと試行錯誤した結果、彼女の演技を人工的にスローダウンさせて間を作ることで、文字通り「息を呑む」演技が演出できるのではないかと思いついた。ガラスにこびりついた血痕を目撃して彼女がハッと息を吸ったまさにその瞬間、わざとスローモーション効果をかけて速度を落とすと、彼女が息を吸ったタイミングで歩く速さも心なしか遅くなる。すると体が一瞬、宙に浮いたような錯覚が生まれ、彼女の心の動揺を見事に強調してくれた。編集による巧みでインビジブルな役者の呼吸の調整が、芝居をさらに光らせてくれた例である。

余談だが、『Anesthesia』の編集が終わりに近づいたある晩、ティムがアッパーウエストサイドにある彼の自宅のペントハウスのディナーパーティーに招待してくれたとき同席したのがなんと、あのコーエン夫妻だった。奇才ジョエル・コーエン監督のご夫人はアカデミー賞主演女優賞受賞の名女優、フランシス・マクドーマンド。彼らとの出会いにあまりにも緊張してしまい、どんな会話をしたのか記憶にないのが実に残念でならない。覚えているのはリビングルームにあるグランドピアノの下でいつの間にか四つん這いになっていたこと。ピアノの裏側を所狭しと埋め尽くした無数の著名な監督、俳優、音楽家、アーティストや政治家のサイン（ジョージ・クルーニーのサインもきっとどこかにあったはず）を呆然と見上げながら、「この人たちも、私と同じようにこのピアノの下に跪いていたのか？」と妙な感動を覚えていると、ティムからマジックペンを渡されて「マコもサインしろ」と言われてサインした。そのままピアノの下に蹲《うずくま》ったまま無数のサインの星を仰いでいたかったが、コーエンご夫妻をお待たせするわけにもいかない。「いつかマコが有名な映画監督になるかもしれないから」と、冗談でもスターの仲間入りをさせてくれた監督に感謝。「シンゾー・アベに会ったらよろしく」と彼は最後まで私を笑わせてくれた。

ティムから教わった「役者の呼吸」の意味は、私にとって生涯の宝物である。

監督へのリクエスト

役者の呼吸に関連して、編集者として一つ、全ての監督にお願いしたいことがある。

それは役者が芝居を終えて監督が「カット」をかけるタイミングである。これがあまりにも早すぎることが、日頃から気になっていた。「もう少し長くホールドしてくれていたら……」と悔やむことが度々ある。芝居が終わる瞬間は必ずしも台詞を言い切った時ではない。台詞ではなく、呼吸なのだ。役者の呼吸を読める映画監督は意外と少ない。

役者が台詞を言い終わった途端に「カット」が入ると、役者の呼吸も中途半端なところで切られてしまう。下手すると役者が呼吸で芝居を続けている途中にカットされてしまうので要注意。演技には余韻が漂うことを意識して、役者の呼吸のリズムを芝居の一環として映像に残しておいてほしい。わずか数秒間でも、その呼吸があるかないかでどれだけ演技の締めとなってくれるか知れないのだ。

芝居の呼吸を活かせるか否かで、演出の質も相当変わってくることを忘れないでほしい。

ジェフリー・フォードから学んだ編集者の流儀

編集者と役者との関係性について貴重な教訓を得たもう一人の恩師の名はジェフリー・フォード。過去にジェームズ・グレイ監督作『裏切り者』やマイケル・マン監督作『パブリック・エネミーズ』を編集し、ここ十年ほどは主にマーベル映画『キャプテン・アメリカ』シリーズや『アイアンマン3』、そして『アベンジャーズ』シリーズを立て続けに手がけた名編集者だ(マーベルフランチャイズの成功の裏には、編集を手がけた彼の功績が大いにあると私は思っている)。そんな彼との出会いはロサンゼルスに引っ越してきて間もない頃だった。

ニューヨークを離れてハリウッドに引っ越してからの最初の数年間は、何もかも一からやり直しで不安と苦労が絶えなかった。ハリウッドに何の縁もなかった当時は、BBCのバラエティー番組の編集のバイトや映画製作会社でインターンをしたりする傍ら、プロデュース的な仕事などをこなしながら人脈作りに精を出していた。ちょうどその頃、インターン先の会社で知り合ったプロデューサーがクリスチャン・ベール主演映画『戦場からの脱出』を製作していたことから、ラッキーなことに未完成映画のテスト・スクリーニングに招かれ、そこでかの有名なドイツ人監督ヴェルナー・ヘルツォークと対面できるという機会に恵まれた。彼は『アギーレ／神の怒り』や『フィッツカラルド』などの異色作を手がけた、私が最も尊敬する監督の一人である。この幸運な巡り合わせはインターンの仕事をしていなければありえなかったので、人脈も捨てたものではない。

同じ頃、フィルム・インディペンデント（Film Independent）という映画団体の存在を知り、彼らが主催する"Project Involve"という映画人材育成プログラムに応募してみたところ、運良く選抜されたことが私の編集キャリアの転機となった。このプログラムはハリウッド映画業界に多様性を奨励する方針のもとに創設されたもので、毎年マイノリティーの脚本家、監督、撮影監督、編集者が25人ほど厳選され、各分野で活躍する現役の「師匠」とマッチさせて教育監修を受けるプログラム。編集者として選ばれた私はここでジェフリーと引き合わされたのだ。当時、彼はスコット・クーパー監督デビュー作『クレイジー・ハート』（主役を演じたジェフ・ブリッジスはこの映画でアカデミー賞主演男優賞を受賞）を編集中で、私は彼の編集室に招かれて見学させてもらったり、音響ミックススタジオにお邪魔したりして、ハリウッド映画業界のプロの編集者の活躍ぶりを間近で観察することができた。最も印象に残っているのが、音響ミックスのセッション中のジェフリーが監督に代わって音響技師たちを文字通り「監督」していた光景だった。それほど編集者としての彼にクーパー監督は信頼を置いていたのだ。まるでオーケストラの指揮者のように堂々と振舞い、音声及び音楽の微調整を手広く監視するジェフリーを見て、「編集者は音の世界も指揮する人なんだ」と感激したのを覚えている。

そんな彼から教わったのは、編集者たる者の流儀。彼曰く、「編集者は監督の意思に従って作業するべきだが、役者に対する責任も忘れてはならない。私たちには役者の芸を引き継ぐ義務があり、監督を敵に回してでもそれを弁護する任務がある」。あの晩、彼と別れてハイウェイをスクーターで飛ばしながら「編集で役者の演技を守るんだ！」と自分を奮い立たせて心に誓って以来、彼のあの言葉にどれだけ勇気づけられ、苦しい正念場を切り抜けられたか知れない。どんなにパワフルな監督を相手にしても、役者の芝居のために闘ってこられたのは、この教訓あってのことだった。役者の演技を守るだけでなく、彼らの役者としてのプライドと権利が損なわれないように配慮するのも編集者の仕事。役者の捨て身の芸術の最後の防衛線であるべきだということを、ジェフリーは私に教えてくれた。

ダウンタウンの編集オフィスでルッソ兄弟監督の新作映画を編集中の彼に数年ぶりに会った時、私が駆け出しの頃、どれだけ彼の言葉に影響されたかを話すと、「そんなカッコいいこと言ったっけ？」と、彼は恥ずかしそうに笑っていた。

役者を守ることは、映画を守ること

編集室にこもって単独作業をする編集者は、製作スタッフや俳優たちと交流する機会があまりない。それでも私たちと役者との間には「暗黙のパートナーシップ」があることを裏付けてくれたエピソードがある。

私が初めて編集したテレビシリーズは、『アメリカン・ビューティー』や『シックス・フィート・アンダー』で知られるアラン・ボールのドラマ番組だった。タイトルは『HERE AND NOW ～家族のカタチ～』。ティム・ロビンスとホリー・ハンターという実力派俳優を主演に、ダイバーシティーを絵に描いたような先進的な作品で、私の他にボール監督の常連編集者アンディ・キーアと『ブレイキング・バッド』のスキップ・マクドナルドという熟練のテレビ編集者が二人いた。彼らは温厚で人柄も良く、テレビ作品初体験で戸惑いがちの私に何かと助言してくれて、映画とテレビの編集の違いを教えてくれた。

私のエージェントから連絡が入ったのは、この番組が終盤にかかった頃だった。「HBOのプロデューサーがマコを『ウエストワールド』に抜擢したいらしいが、やる気はあるか？」と聞かれて二つ返事で承諾した。『ウエストワールド』のショーランナーはハリウッド映画監督クリストファー・ノーランの弟、ジョナサン・ノーラン。配偶者のリサ・ジョイとのコンビで製作したファーストシーズンはエミー賞を総なめにした人気番組で、私も熱中したシリーズだった。人間に扮したAIアンドロイドが住む体験型遊園地で雇用主である人間に反抗して革命を起こすSFスリラーは、ロボットが覚醒する現象を哲学的に物語に取り入れており、知的なSFドラマとしてもかなり見応えはあるが、時空間の異なる複数のプロットが交錯する難解なストーリー展開が一筋縄ではいかない作品ではあった。採用時の面接で私が担当することになった最終話の問題点をいくつか示されて、期待に応えられるか不安がなかったと言えば嘘になるが、体当たりの覚悟で挑んだ。

最終話の課題は、ジェフリー・ライト扮する科学者バーナードの成長物語を視聴者にいかに分かりやすく、かつ感動的に伝えるかというものだった。早速、プロット展開の不可解な点を分析し、同時にバーナードの人間としての意識とアンドロイドとしての意識の二重のリアリティの謎とその構造を研究。その結果浮き彫りになったのは、二つの意識の次元が過去と現在のタイムラインによって同時進行する斬新なプロットと、バーナードの葛藤ドラマ（彼は「ある計画」を実行するために自分の記憶を意図的に抹消していた）が上手く噛み合っていないことのように思えた。人間だと思い込んでいた自分を欺き、自らを記憶喪失に陥れたバーナード。そんな彼

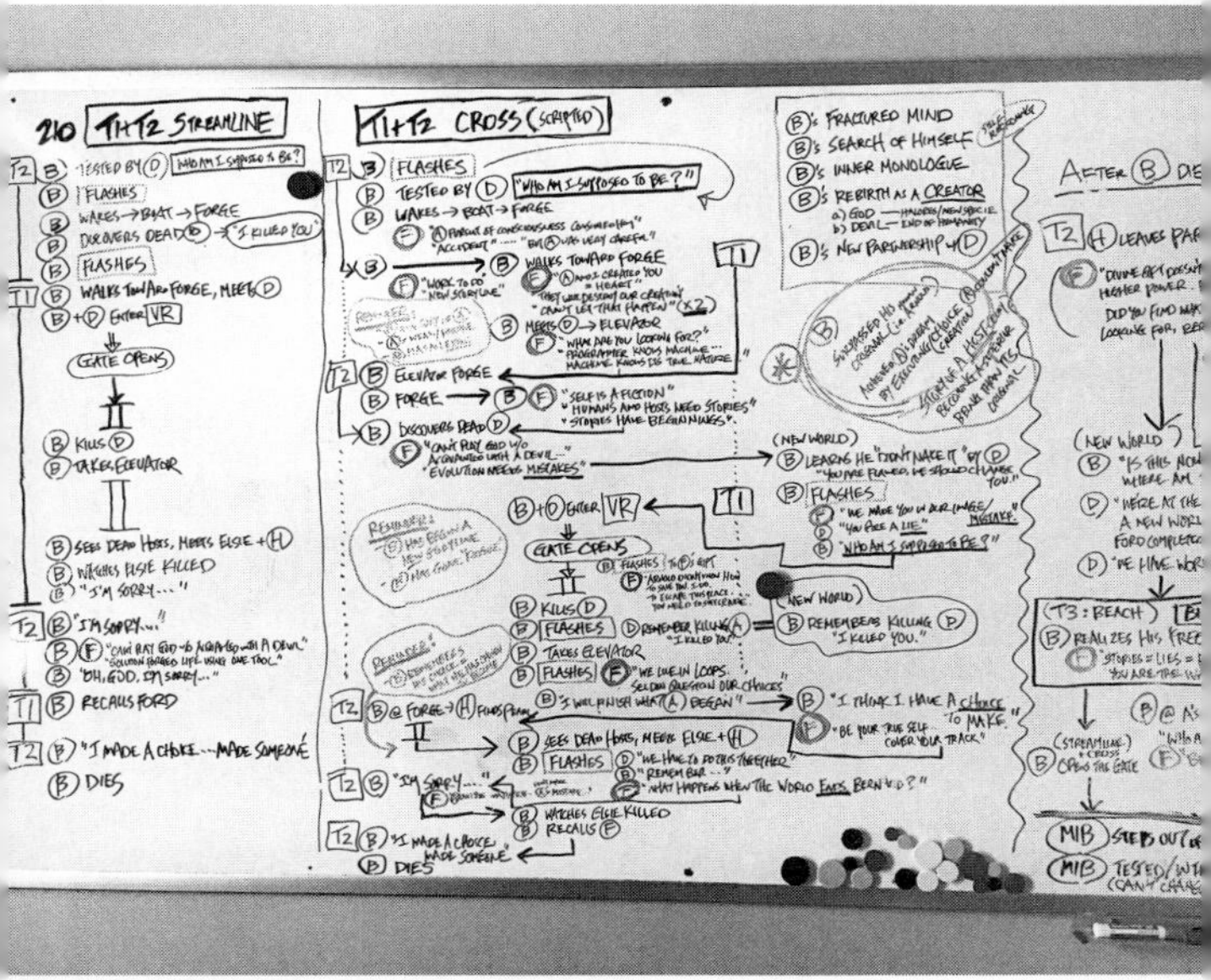

著者が整理した『ウエストワールド』のストーリー構成

の魂胆をどの時点でどのように暴露することで、観客の共感を呼ぶことができるか？　編集によってどのような解決法を見い出せるのか？

撮影中だというのに脚本が日々調整されるため、思いのほか素材は不安定だった。特にバーナードとアンソニー・ホプキンス演じるフォード博士の海辺のシーンは、バーナードの台詞がかなり書き直されていたため、何度編集をやり直したか知れない。この場面は、バーナードが人間としての自分の記憶を喪失させたことで自分自身を欺いていた事実とその動機が明らかにされる重要なもので、彼が実はアンドロイドだったということが明かされる山場でもあった。この時に回想される彼の過去にまつわるモンタージュの映像は、もともと別個のシーンとして構成されていたものを、全て複線的にオーバーラップさせることで、バーナードの意識の覚醒のショックを生々しい錯乱状態として表現したかった。人間としての自己を犠牲にしてまで彼が起こさずにはいられなかった「ある事件」の複雑な背景とその動機。それをバーナード自身が自ら思い出して悟るプロセスを、視聴者の視点と折り重ねることが、このモンタージュの目的だった。

モンタージュを誕生させたもう一つの理由に、バーナードの真実を言葉だけの説明で語るにはあまりにも物足りなかったせいもあった。「二人のバーナードの存在」という、二重人格的な意識の目覚めに戸惑う彼の不安定な精神状態を、できるだけ編集文法を使った技法で描いてみたかった。この編集文法については、下記で詳しくみてみたい。

番組完成後、ハリウッドのイベント会場で行われた盛大なプレミアパーティーに出席した華々しい主演俳優たち（に交じって、なぜかあのイーロン・マスクの姿も見受けられた）。その会場で私が編集者の一人だと知るや否や、握手を積極的に求めてきたある男がいた。彼の名はジョナサン・タッカー。どこかで見た顔だと思っていたら、『ウエストワールド』セカンドシーズンであの存在感ある「クラドック少佐」を演じた役者だった。「会えて光栄だ！」を連呼する彼を訝しみ、「なぜ？」と聞き返すと、「Because you're the one I'm acting for!（だって君に見てもらうために芝居をしてるのだから！）」という意外な返答だった。

言うまでもなく撮影現場では、役者は監督の指示に従ってOKが出るまで芝居を繰り返し、監督の求める演技ができるまで努力を続ける。そして大概、最終テイクが監督の理想に近い芝居だという認識で、編集者の中にはそこに行き着くまでのテイクに無関心の人も多い。しかし役者が演じ切った全てのバリエーションを客観的に照査するのは編集者だということを、「Thank you, thank you……」といつまでも私の手を握って放さないジョナサン・タッカーは知っていた。いくら監督の意に沿わない演技でも「良い芝居はきっと編集者の目に留まるはずだ」と信じて彼はカメラの前で演じているという。

演技者と編集者の隠されたパートナーシップで芝居は磨かれるという事実は、ハリウッド俳優たちの間に浸透している。だからこそ芝居と編集の切っても切れない関係と依存性は大事にしていきたい。そのためには、役者の芝居をとことん受けとめる姿勢は編集者として怠ってはならないことなのだ。

未知数の可能性が創るもの

プロデューサーの任務は、監督を守ることでもあるが、最終的には作品を守ること。それは編集者にも言えることだと私は思っている。もちろん監督が求める映画を実現するのが私たちの為すべき仕事ではあるが、それ以上に「作品が求める映画」を監督と切磋琢磨して生み出すことの大切さも、忘れてはならない。監督と作品は別個の生き物。従って監督は独裁者であってはならないし、私たちは監督が求めるものだけを与えてはならない。監督が求めるものと作品が求めるものの違いを見極めることも、編集者にしかできない大事な任務である。

作品のためにするべき編集とは？　それはすなわち**監督に選択肢を与えること。**作品の可能性をあらゆるオプションとして監督に提示することで、監督の独断と偏見による暴走を阻止してバランスの取れた作品作りができる環境を整える。そして未知数の選択肢の中から監督が選び抜いたプランをさらに練り上げること。その過程で、時として監督と衝突することもあるかもしれない。しかしぶつかり合わないことにはお互いの信念を確かめ合うことはできないし、作品のために挑み合うのであれば、無駄な衝突ではないはずだ。どちらが正しいかの勝負ではなく、作品を「あるべき形」として誕生させるために分かち合う痛みを味わってこそ、監督と編集者の信頼関係もより深いものになる。

そして監督に限らず、編集者も作品に対する固定観念を持ってはならない。

未完成の映画は未知数の可能性を秘めている。

いつまでも「もっと行ける、もっと先がある」ことを信じて、自由な発想と探究を続けるのが、編集をする人間の喜びと快感であり続けたい。監督の「1」に対して「2」、「3」の選択肢を常に投げかける遊び心を持つことは、監督との一対一の選択の衝突を避けるための知恵であり、そうすることで何よりも映画のポテンシャルを追求する面白さを監督と共有することができる。

映画のためならどんなトリックや材料でも使いこなして演出して見せるのが、編集者のプライドでなければならない。

編集秘法 #5

画は化けてこそ、映える

「素材が少ない（良くない）」とか「この芝居はいまいち」と思うことはざらにある。感動を生んでくれる材料がないこともよくあることだ。そんな時、編集者はどう対処するのか？

答えは一つ。ただひたすら探す。素材という素材を漁りまくり、使えそうなものは容赦なく利用して、工夫に工夫を重ねて素材を化けさせて、誤魔化す。無関係な素材でも一向にかまわない。どんな手を打ってでも解決策を見出すのだ。実際、芝居でないものでも芝居らしく見せる細工は、編集者なら誰でもやっていることである。

芝居を誤魔化すことで、過去に成功した例は数えきれないほどある。

演技をしていない名演技

（映画『ブラックハット』より）

クリス・ヘムズワースが天才プログラマーに扮したこの映画は、香港の原子炉を爆破したハッカーを追跡するサイバー・アクションである。見どころは香港、ジャカルタ、マレーシアなどアジアのエキゾチックなロケ地で繰り広げられる、ハリウッドと香港のスターの前代未聞の共演であろう。現在のアジア旋風を先取りしたマイケル・マン監督の独特の世界観に満ちた、スケール感のある大作だった。

ある日、マイケルの映写室に呼ばれて見せられたのは、中国政府から追われた主人公がある隠れ家で、恋人と彼女の兄と今後の戦略を練るハイテンションなシーンだった。それは主人公が恋人をこれ以上危険に巻き込まないために「一緒に逃亡する」と言い張る彼女を拒絶する、というドラマチックな決別シーンでもあった。編集済みのカットを見終わると「何かが足りない……」としきりに呟くマイケル。私にも何となくその意味が理解できた。足りないのは愛する女性を守りたいがために自分の感情を犠牲にせざるを得ない男の悲壮感。その空気感と温度がシーンに欠けていたのだ。「分かりました。探してみるので時間をください」と監督に断りを入れて、そのシーンのデイリーズを片っ端から漁りまくったのはいいが、どの素材もあいにく筋書き通りの恋人同士の仲違いと口喧嘩にしか見えないテンションの高い演技ばかり。求めている主人公の悲哀のニュアンスが漂う芝居が見当たらない。どのテイクも彼が一方的に恋人を突き放し、それに抵抗する彼女への苛立たしさと憤りにしか読み取れない。

遂に諦めかけていた頃、ふとあるテイクに目が留まった。それにはアクションが二度収録されており、一回目と二回目の芝居の合間もカメラに収められていた。そこに収録されていた休憩中のクリスの表情を見てハッとした。長時間の徹夜撮影、それも気が抜けないシーンで相当気が滅入っていたのだろう。疲労の色を露わにした彼の朦朧とした眼差し。肩は萎えて放心状態だった。テーブルに無造作に放置されたカメラのレンズは少し傾いたままで、その偏った構図も彼の不安定な精神状態を暗示するようで面白い。苦悩が滲み出る無防備な男の気だるさがそこにあった。これこそまさに監督が求めていたものでは？　私は、その休憩中のクリスの映像をシーンの終盤の締めに挿入して再編集してみた。それを見せた時の監督の反応は、今でも忘れられない。顔が割れるほどの大きな笑顔で、「ジョー・ウォーカーでさえできなかったことを、マコはやってのけた！」と褒めてくれた。

このエピソードの教訓は、努力と運はもちろんだが、私はイマジネーションだと思っている。それは監督が求めているものを想像する力。求められている演出をまず自分でイメージすることができなければ、あの休憩中のクリスの表情を見ても、きっと見過ごしていたに違いない。

編集者のイマジネーションなしで、画は化けない。

魔術師が理想のマジックの演出の形をイメージできなければ、観客を虜にする魔法を〝演じる〟ことができないのと同じように、編集者もいくらそれがあり得ない演出でも、その形に限りなく近い表現を求めてどんな不良品でも化けさせて、魅せる。結果的には観客を騙すことに違いないのだが、その報酬が感動であれば許されることなのだ。

観客により深い感動を与えるには「何が必要なのか、何が欠けているのか、何を求めるべきなのか、何をどう利用するべきなのか」について想像力豊かに地道に自問自答を繰り返し、探し続け、創造し続ける。

YOSHIKIの怒りの仮面

（ドキュメンタリー映画『WE ARE X』より）

時には、探しても探しても魔法をかけるために必要な材料が見つからず、ギブアップするしかないこともある。それでも知恵を絞って想像力を働かせれば、全く無関係で無意味な映像でも、それらを巧みに繋げて連鎖させることで「1＋1＝3」のマジックを生むことができるという、実に不可思議な現象の一例を挙げてみたい。[*1]

サンダンス映画祭のワールドシネマドキュメンタリー部門最優秀編集賞を受賞したＸＪ

＊1　163ページ「編集の基礎文法」参照

APANのドキュメンタリー映画『WE ARE X』は、YOSHIKIの語るべきドラマと、監督が語りたいドラマの狭間で、私が語られないドラマを求めて悪戦苦闘した作品だったので、この編集賞は特に心に沁みた。

X JAPANといえば、様々な悲劇を抱えたバンドとして有名なことは言うまでもない。HIDEの自殺、TAIJIの怪死、TOSHIの洗脳、YOSHIKIの父親の自殺。特にYOSHIKIにとって敬愛していた父親の突然の死は、まだ幼かった彼に衝撃を与えた。父親を死に追い込んだのは「父を愛しきれなかった自分のせいなのかもしれない」と自分を責めて自殺未遂を繰り返す一方、自分を見捨てた父への憤りと悲しみを消化しきれないYOSHIKI少年の行き場のない心の葛藤を、映像でどう表現すべきか悩みに悩んだ。

現在の彼に当時を振り返らせてナレーションで解説してもらう手もあったが、それでは今まで彼があらゆるメディアの取材で語ってきたことと何ら変わりはない。映画だからこその表現法がきっとあるはずだ。そう思いながら模索していた時に耳にしたのが『Art of Life』というYOSHIKIの曲だった。シンプルで淡々としたピアノのメロディーが流れるように繰り返されるたびに哀愁を帯び、まるで波が高鳴り津波と化して荒れ狂う演奏そのものが、ＹＯＳＨＩＫＩの心の悲痛な叫びのように感じられた。「曲はこれでいこう」と決めた。問題は映像だ。私は彼の数少ない幼少期の写真の一枚に賭けてみることにした。

それは小学五年生頃のＹＯＳＨＩＫＩ少年がストイックな無表情で真っ直ぐカメラを見据えたモノクロ写真。一見、何の変哲もないパスポート写真の彼は、まるで仮面をつけて感情を押し殺しているように見えなくもない。その仮面の裏に、私は見えない彼の悲しみを想像してみた。

公の場ではサングラスを欠かさないＹＯＳＨＩＫＩ。ロックスターという仮面を常に身につけて演じている印象を受けたアメリカ人の監督が日本で撮影した素材の中に、鬼の能面があったことを思い出して、それをＹＯＳＨＩＫＩ少年の写真と重ねてみると、思っていた通りの化学反応が起きた。二つの映像を連鎖させることで、父に見捨てられた少年の秘めた怒りと哀愁が能面に託されて浮き彫りにされたのだ。まさに「１＋１＝３」のマジックで画が化けた瞬間だった。

この効果に興奮した監督がＹＯＳＨＩＫＩの怒りをより強調するために彼の顔にズームインして欲しいと要求してきたとき、「いや、逆だと思います」と咄嗟に反論したこともよく覚えている。怒り狂う鬼の表情に化けていくＹＯＳＨＩＫＩの顔に迫るよりも、怒りから遠ざかって消えてしまいそうな動きこそが、彼の儚い悲哀と喪失感を忠実に表現してくれると直感したからだ。監督との感情の動きの解釈の違いもひょっとすると西洋と東洋の感性の相違が生んだものなのかもしれない。

このように映像に伴う動きそのものにも意味が込められるので、油断はできない。映像を動かす工夫と計算も、観る人の感情の具合を調整する技なのだ。[*2]

＊2　１７４ページ「カメラが動く意味」参照

映像で語るロマン

（映画『アラビアの女王 愛と宿命の日々』オープニングシークエンスより）

ニコール・キッドマン主演のこの映画の監督はヴェルナー・ヘルツォーク。プロデューサーと知り合いだったことから開発段階で脚本も読ませてもらっていたので馴染みのある作品である。そのプロデューサーから「オープニングシークエンスを再編集してもらえないか」という依頼を受けたのは、確か映画の公開日も間近の頃。映画の配給会社がなぜかオープニングに不満があるらしく、編集者としての私の経験を彼が見込んでの頼みだった。早速、封切り前の映画のフルカットを極秘で鑑賞させてもらった。

モロッコで撮影された映像は、確かに壮大なスケールで官能的だった。延々と広がる砂漠の中をラクダのキャラバンが列をなして旅する詩的な映像にドラマチックなサントラが流れること数分間。最後に画面中央に映画のタイトル『アラビアの女王』が登場するのだが、それを見た私は配給会社がそのオープニングが気に入らない理由が、すぐに理解できた。

映画は出だしが肝心である。最初の10分ほどで観客の心を掴まなければ、二時間の感動の旅は始まらない。オープニングの効果がいまいちなのは、映画のエッセンスを冒頭で表現しきれていないからであった。そもそもタイトルにも出てくる女王であるべき人物が一体誰なのかが全く伝わってこない。オープニングで胸が高鳴るべきところがこれでは、「え? 女王って誰? 何のこと?」と、拍子抜けしてしまう。いくら美しい映像と音楽に翻弄されても、魅せられるべき中心人物が不在では感動はない。ヒロインに出会わなければ、タイトルの意味も無い。そもそもこの映画は実在した英国女性の生涯に基づくもの。映画の冒頭で彼女の存在に触れない理由はない。

早速、主人公の考古学者ガートルード・ベルに関する映像資料をネットで手当たり次第検索してみた。彼女は、20世紀初頭に生きたイギリスの上流階級の女性で、アラビアをこよなく愛した考古学者で、当時の外交政治にも深く関わり、中東の国境線を定めることに貢献した歴史的重要人物。アラビア語を流暢に話し、現地の文化芸術や社会人類学に情熱を注いだ彼女の面影と、彼女が愛したアラブ民族の世界観を彷彿とさせる写真資料を繋ぎ合わせたものを、オープニングシークエンスの映像にオーバーラップさせてみた。

私の再編集は「どのような映像をいつ、どのように見せるか」というアレンジを意識して、観る人の想像力を最大限に刺激する構成にしてみたもので、写真が登場する順序とタイミングは一見ランダムに見えても、実はクレジットで紹介される出演者との関係性を活かす工夫で、読む情報と眼で見る情報が「1＋1＝3」となる計算で繋ぎ合わせたつもりだ。『アラビアの女王』というタイトルが画面に現れたまさにその瞬間、観客もガートルード・ベルが命をかけて愛したアラビアを愛さずにはいられない、と胸が躍る興奮を感じてもらうことが目的だった。

「1＋1＝3」のマジックは、まず作り手も観客も画のパワーを信じることから始まる。映像が語り出すと、それはもはや人類共通の言葉。だから映画は、映像を通じて成立する人間同士のコミュニケーションの術だと私は思っている。そしてどんな言葉にも文法というものがあるように、映像解読にも基本となるルールがある。「1＋1＝3」を可能にする編集の基礎文法とは何か、次に見ていきたい。

ちなみに再編集したオープニングは配給会社と製作側に気に入られたが、監督に却下されたため、採用されなかった。

『アラビアの女王』**非公式オープニングシークエンス**

編集の基礎文法

米アカデミー編集支部会員の今後の課題

X監督の映画が撮影されているオハイオ州シンシナティに戻ってきた数週間後の一月末に、米アカデミー編集支部会員のリモート会議が行われた。ハリウッドを代表する超一流の編集者を含む世界各国の米アカデミー会員の編集者たちによるこの会議の議題は、二ヶ月後に控えた２０２３年米アカデミー賞授賞式に向けての抱負と、前年の授賞式生中継から映画編集賞部門が除外された問題についての議論であった。

一般の人はともかく、映画業界関係者の編集に対する知識の乏しさを嘆く一方、映画編集に対する認識を高めるための案について様々な意見や感想が交わされた。その結果、明るみになったのはハリウッドの映画編集者へのリスペクトが足りないことへの不満と憤りであった。「裏方のさらに裏方」というレッテルから脱却するには、映画編集という技術と芸術性を映画関係者から一般人に至るまでアピールする必要がある。そのためには何をすべきなのか?

そこで思い出したのが、数年前に米映画編集者協会(ACE)のエディー賞にノミネートされて授賞式に出席した時の、映画監督ギレルモ・デル・トロのスピーチだった。彼は編集者を「監督である僕を、芸術的にも人間的にも常に支えて最後まで一緒に作品作りに精魂込めて尽くしてくれる、かけがえのないパートナー」と賞賛してくれた。しかし公にここまで私たちの貢献を認めてくれる監督は至極少ないのが現状である。編集の威力を誰よりも知り尽くしているのが映画監督であるはずなのに、なぜなのか?

「監督の次に映画の演出の実権を握っているのが編集者だということを認めたくないのさ」と、とある編集者がリモート会議中に呟くと、大勢の出席者が相槌を打っていた。編集技術こそが映画の切り札である事実を一番よく知っていながらもそれを認めたくないのが映画監督だというのも、皮肉な話である。

編集者の影響力が世に知られていないもう一つの原因は、編集作業の環境に他ならない。

撮影現場とは違い、編集は人目の届かない場所で行われる作業。インビジブル・アートと言われ続けるのは、文字通り眼に見えない存在だから。しかし陽の目を見ないからといって無視され続けていいはずがない。監督と並んで演出に圧倒的な影響力を持つのは脚本家でも、プロデューサーでも、撮影監督でも、美術監督でもない。編集者なのだ。

「だから"Below-the-Line"（映画製作において「裏方」を意味する）ではなく、"Above-the-Line"（裏方の上の立場の人間、つまり脚本家、プロデューサー、監督、主演俳優など）の一人として認定されるべきだ」という、ハリウッド産業の定義を覆すような過激な意見を聞いて私も内心「全くその通りだ」と頷かずにはいられなかった。編集技術に対する認識を高めることが目的でもある本書を今のタイミングで出版できることの意義は大きい。同業者の仲間に背中を押されたような気がして執筆にいよいよ意欲が増した矢先、それまで順調に進んでいたX監督との作業に思わぬ問題が浮上した。

エディターズ・カットを守れ！

撮影が終わると同時にエディターズ・カットを仕上げる猶予が与えられるのが業界では

常識である。連載ものの場合は一話につき三〜四日間、長編映画だと一週間から二週間ほどが目安だろうか。X監督の作品も撮影終了後、二週間ほどのエディターズ・カット期間がスケジュールに組まれていたはずだったのが、「監督がすぐ編集にかかりたいから、ロサンゼルスに戻った翌日からディレクターズ・カットを開始する」と、プロデューサーが当然の如く言い出して、開いた口が塞がらなかった。

撮影終了後は、最終日のデイリーズを処理する時間も必要なので、エディターズ・カットを仕上げる猶予は必須である。「最低一週間、いや、五日でもいい」とプロデューサーに懇願したところ、「じゃあ監督と直接交渉してくれ」と言われ、内心「何で私があんたの仕事を……」と不愉快に思いながらも、X監督に話を切り出すタイミングを窺っていた。

そんなある日、粗編集を見せて監督が上機嫌になったところをいいことに話を切り出してみた。監督に初めて披露するエディターズ・カットが私にとってどれだけ大切なものか前置きして、サウンドデザインはもちろん、VFXや仮のサントラ音楽も挿入して完成度の高いものにしたいので「是非、時間をください」と頭を下げて頼むと、監督は意外とあっさりOKしてくれた。期待していた二週間は叶わなかったが、五日間でも無いよりはましだ。これで危うく奪われそうになったエディターズ・カットは辛うじて死守できた。それにしてもそもそもこんな事態が起きて許されるものなのだろうか？

編集とは、単に脚本通りに素材を繋げるだけの作業ではない。編集者は演技も、音も、動きも、色も、全ての関係性を調和させて二時間という限られた時間内で完結する感動作を創る魔術師であり、指揮者であり、演出家である。繋ぎ合わせた映画を始めから終わりまで鑑賞しては分析し、シーンを構成し直したり、映画のテーマをより良く表現してくれる音楽を探究したり、映画体験に必要な要素を集結させたのがエディターズ・カットなのだ。編集者の独断と偏見で仕上げたこのカットの出来具合が私たちの腕の見せ所であり、編集者独自の感性の結晶でもある。ましてや監督にとって最初で最後のファースト・ビューイングでもあるのだから、できる限りベストなものに仕上げたいと思うのは当然のことだ。

監督にしても編集者が繋げたカットを見ることは、映画を一緒に作るパートナーと会話をすることに等しいはず。編集者が素材をどのように解釈しているのかを探ることも、作品作りのパートナーを理解する上で必然ではないのか？　映画鑑賞体験で受ける感動は、作り手と観る人との信頼に基づいた関係性なしでは生まれないことは既に述べた。これは編集者（作り手）と監督（観る人）の関係性にも通じることなのだ。

「編集の基礎文法」と題したこの章では、作る側と観る側との会話を成立させて映画体験をより充実したものにするために必要な「映像の解読力」と視聴覚知能の働きを見ていきたい。

映像の連鎖反応が生むマジック

映画編集を少しでも勉強された読者なら、エイゼンシュテインのモンタージュ理論をご存知だろう。簡単に説明すると「視覚情報は組み合わせによって意味が生じる」現象のことである。Ｂがある一定の絵だとすると、Ｂ＋Ａ＋Ｂ＝Ｃという方式で、ＢはＡの影響を受けることで意味合いが変化させられていく。

無表情の男の顔 ＋ りんごの絵 ＋ 無表情の男の顔 ＝「**飢えた男**」
無表情の男の顔 ＋ ライオンの絵 ＋ 無表情の男の顔 ＝「**怯える男**」
無表情の男の顔 ＋ 裸の女の絵 ＋ 無表情の男の顔 ＝「**欲情する男**」
無表情の男の顔 ＋ ナイフの絵 ＋ 無表情の男の顔 ＝「**殺意を持つ男**」

上記の例のように、一見、無関係な複数のビジュアル情報でもそれらを連鎖させることによって、ある合理的な意味に置き換える能力を私たちは生まれつき持っている。つまり「1＋1＝3」のストーリーに作り上げてしまう人間は、誰もが天性のストーリー・テラーなのだ。

視覚知能を説明するうえで忘れてはならないもう一つの原理はゲシュタルト法則（ドイツ語の"Gestalt"＝全体を俯瞰する能力）。これはモンタージュ理論が立証した一つ一つの映像の連鎖で発揮される心理知能とは違い、一見バラバラで無関連な複数の要素をまとめて処理する能力のことをいう。つまり視界に入ってきた多くの情報をそれぞれ個別のものとしてではなく、連帯性と総合性のある「まとまった形態」として捉える力。古来、夜空に散りばめられた星を眺めた我々の祖先はこの能力を発揮して、無数の星を繋ぎ合わせることで狩人（射手座）や蠍（蠍座）、ライオン（獅子座）などという星座にまつわる神話を眼で捉えて余興にしていた。

「何も見えない（無い）ものから、何かを見る（生む）こと」を可能にする人間の本能と想像力の逞しさ。そして自然の中に物語を求めて止まない欲望。これらは映画作りの欠かせないビジュアル文法の基盤である。

言葉による説明がなくても、映像を繋ぎ、まとめて解読する知能と想像力を備えている観客を侮ってはならない。

リドリー・スコット監督の意外な発言

かれこれ15年以上前のこと。ロサンゼルスまで母がはるばる訪ねてきてくれた時、UCLA（カリフォルニア大学ロサンゼルス校）整形外科病院の待合室で、とある老紳士が英国訛りの英語で受付のスタッフと喋っているのがどうも気になっていた。隣の席に腰を下ろした彼が手にしたレントゲンの封筒に「R. Scott」と書かれているのを見て「もしや……！」と息を呑んだ。ここで常識を心得た人なら相手のプライバシーを尊重してむやみに声などかけないだろうが、「リドリー・スコット監督と会うなんて人生で最初で最後かもしれない」と私は無礼も承知で彼に話しかけたのだった。

まず私がどれだけ彼のファンであるかということから始まり、彼の映画作品の数々を絶賛。世界中の観客に支持される作品を生み出すにはよほど観客への理解と配慮があるに違いない、私も芸術と商業を見事に調和させた映画が作れる映画監督になりたいと熱弁をふるうと、スコット監督はこう言った。「観客のことなど一切、考えていない」と。意表を突くその言葉に私は唖然としてしまった。これが大衆にあれほど愛される映画を作る監督の言うことなのか？　頑として「観客を信じてはならない」と主張する彼に対して、「いや、そんなはずはない」と反論し始める私。素直に同調すれば良いものの、それができない自分に呆れながらスコット監督と映画と観客の関係性について押し問答が続いた。そして彼は最後まで「映画は観客を意識して作ってはならない」と言って引かなかった。

当時は何だか期待を裏切られたようで後味が悪かったのだが、今思えば、あれは彼のような映画監督だからこその言い分だったと納得できる。誰のためでもなく、あくまで自分が作りたい、作るべき映画を完璧に創り上げることだけに徹した彼だからこそ、観る人は彼の映画に魅せられるに違いない。映画人としての芸を極める本当の意味での職人であるスコット監督。気まぐれに変化する大衆の好み、トレンドやニーズに惑わされない彼の映画には、時代に囚われないタイムレスな命が宿り、壮大なスケール感が漲るのはきっとそのせいなのだろう。

「観客を信じない」と言い切った監督に未練も迷いもなかった。そこに映画人としての彼の底知れぬプライドと凄味を見た気がした。

観客を信じる覚悟

「俺の道はこっちだ！　ついて来たければ、ついてこい！」と言わんばかりに自分の芸術を信じて突進する武将のごときスコット監督の映画作りは、とてもじゃないが真似できない。やはり観客を信じたいと心が傾いてしまうのは、なぜなのか。「自分にとって映画作りは何を意味するのか」という問いを、スコット監督との思いがけぬ出会いがきっかけとなり、考えさせられた。その結果、自分にとって映画はやはりコミュニケーションの手段だということに気づかされた。

物心がついた頃から、言葉にできない気持ちを絵に託していたので、映像を繋げることは私にとって会話の手段に過ぎなかった。だから映画は、観客と心を通い合わせる場所。同じ映画を観て同じ感動を分かち合える人々なら、彼らがどこの誰であろうときっと心が通じ合えると信じさせてくれたから、私は観客を信じたいし、信じなければ映画は作れない。もし万が一、信じることができなくなれば、映画を作る動機もきっと失せてしまうに違いない。

言葉や知識や偏見というあらゆる拘束から解放されて、心ゆくまで感動に身を任せられる二時間という時間は、人生というハイウェイを走る誰もが必要な休憩場所。日常生活から切り離された暗闇の中で、泣いたり、笑ったり、怒ったり、悲しんだり、喜んだり……あらゆる感情を剥き出しにして許される場所。そして癒される場所が、映画館だった。

映画を求めてやってくる赤の他人と作品を通じて心を通わせることで、何かが起こる。何かが動き始める。

映画はシネマ（cinema）。それはギリシャ語で「動き」を意味するキネマトス（kinematos）に由来する。映画にとって「動き」は命だということを教えてくれたのは、タルコフスキーの映画だった。

カメラが動く意味

ニューヨーク大学大学院生時代に最も影響を受けた映画監督はアンドレイ・タルコフスキー。彼の映画『ストーカー』は、私の生涯の映画ベストテンに入るほどの名作の一つである。映画の中で主人公が朗読する詩の響きに魅せられて、当時はロシア語でそれを暗唱していたほどハマった映画だった。タルコフスキーの著書『映像のポエジア――刻印された時間（原題："Sculpting in Time:Reflections on the Cinema"）』は、映画作りを真剣に目指す人に是非、お勧めしたい。

とにかくタルコフスキーのカメラワークは驚異的だった。彼の数々の映画から、脚本や役者や台詞や編集など一切無くても、カメラの動きだけで映画は成立してしまうことを教えられた。

タルコフスキー監督がよく使うカメラワークに、地面を直角に見下ろしてレンズを固定させてゆっくりと時間をかけて流れるように動かす撮影技法がある。ただカメラを地面や川や壁に沿って淡々と滑るように動かすだけの間、視界に入ってくるのは、例えば片方だけの靴、鍵、手紙、花、新聞紙の切れ端、赤ん坊の靴下……。それは自然界に残された、人間が生きた記録である。観客はその一つ一つを眼で拾いあげ、それらの関係性を連想（「モンタージュ法則」）していくうちに「時間」という要素がそのリニアな法則に加えられ、次第にノンリニアな形態（「ゲシュタルト法則」）に進化し、ストーリーの立体的な輪郭が創り上げられていく。

カメラが動く意味。それはすなわちカメラの視線。台詞も芝居もいらない。あるべきものはカメラの眼とそれを動かす意識だけ。観客はその意識が向けるレンズが映し出すものの一つ一つを眼で繋げていくことで想像力を刺激され、ドラマは自ずと生まれていく。これほど観る人を信頼した映画に、私はかつて出会ったことがなかった。

カメラが動くことは、すなわち私たちの中に意識が宿ることである。そしてその意識が動き始めると、心も動き始める。空を流れる雲を仰ぎながら様々な動物を連想する子供のように、私たちの眼もカメラのレンズなのだ。だからこそ無闇に目的もなくカメラを動かしてはならない。カメラが動くことと、動きが止まる根拠とその目的を見極めることの意味を知らなければならない。映画編集は画を切ることで時間を立体化させ、観る人の意識と感情を躍動させる作業。画を色々な技法で動かすことによって意識を操作することは、編集の魔術の基礎である。

時空間を操る芸術

タルコフスキー監督曰く、「映画とは時間を彫刻する芸術。時間そのものを芸術表現として扱えるのが映画の本質である」。彼は時間という概念をアートとして昇華させることに成功した人種は、世界で唯一日本人だけだったと断言。日本文化の「侘び・寂」の感性についても熱心に語り、時間が刻んだ自然界の記録を芸術として崇める情緒、そして日本独特の美意識の哲学を高く評価した。時間の経過の意識に対して比類な感性を持つ日本人の凄さに気づいていないのは、ひょっとしたら日本人だけなのかもしれない。「灯台下暗し」という諺があるが、まさにその通りである。

私がニューヨーク大学大学院時代に悩まされたあの東西文化の壁……。もしあの時、時間が繰り返す美しさを「無駄な情報」だと思わずにいられたら、そして日本人としての価値を肯定できていれば、どれだけ道草を食わずにいられたか知れない。

日本人のＤＮＡに託された「時間を愛でる眼」は、もしかしたら映画人として比類なきパワーを発揮するものなのかもしれない。

眼の動きと催眠術

子供の頃、絵探し絵本に夢中になったことがある。ページを所狭しと埋め尽くした濃厚なイラストの中から小さいヒントを探して遊ぶのが快感だった。そのうちに絵本を見るだけでは物足りなくなり、いつの間にか気の遠くなるほど緻密なイラストを自分で描いて遊んでいたので、描くことへの執着心は病的なほど旺盛な子供だったようだ。

絵探し絵本が刺激する「見えないものを見つける快感」は、人間が本来持って生まれた動物的な本能であり、そのハンターとしての天性の視覚能力は、映画編集で大いに利用できるトリックの一つでもある。野原に餌を落として獲物を罠に導いて捕えるように、見えないものを見たい衝動、行ってはいけない場所に行きたいと思う観客の深層心理を巧みに操り、意識を翻弄することは、編集者であれば無意識のうちにやっていること。謎解きはスリルであり、サスペンスである。そしてそれは前へ前へと展開していくドラマの燃料となり、観客に「もっと見たい、行ってみたい」と駆り立てる。映像効果を操ることで、映画を常に"in moti 動いている状態)に保ち、走り続けさせる。

観客の眼を動かすことは、すなわち意識を動かすこと。これを編集でどのように応用できるのか、三つの基本的な術を挙げてみたい。どれも拍子抜けするほど当たり前すぎることだが、編集には欠かせないトリックである。

観客の眼を動かす術

#1 「役者の眼の動き」

観客の眼が、役者の視線に従って動くことは自然の原理。だからこそ編集者は役者の眼の動きに常に敏感でなければならない。役者が「いつ、何を、どのような視線（意識）で見つめているか」を研究し、その意識に沿った編集ができるか否かで、ドラマが観客に与えるインパクトも変わってくる。

フランシス・フォード・コッポラ監督の『地獄の黙示録』を編集したことで名高い編集者、ウォルター・マーチの著書『映画の瞬き——映像編集という仕事（原題："In the Blink of an Eye"）』を読んだことのある読者は「役者の瞬きの法則」をご存知であろう。マーチ氏は、役者の眼が瞬きするタイミングはキャラクターの意識の程度を反映する生理的な尺度であるとした（前で触れた「役者の呼吸」と「役者の瞬き」の比較も興味深い）。つまり役者の瞬きは「キャラクターの意識の終止符」に他ならず、その瞬きのタイミングはキャラクターの心理状態（感情の変化）と直接的な比例関係にあると主張。映画編集はその瞬きのタイミングに沿って編集されていることを実証してくれた。

編集者は芝居をする役者の視線が積極的（見ること、捉えること）か、あるいは消極的（避けること、隠れること）かの違いを判断して、「いつ、何を、どのように見つめて、いつまでその意識が続いているのか」に沿った編集をすることを心がける。それができてこそ、役者が演じるキャラクターの意識と観客の意識は同調する、とマーチ氏は論じている。

たまに役者の瞬きの最中や直前直後にカットする間の悪い編集を見ることがあるが、これは編集者が芝居を読めていない証拠である。役者の瞬きは確かに些細なことではあるが、それが中途半端であれば、観客は必ずそれを無意識のうちに察知して違和感を引きずるものである。芝居をしている役者の表情と眼の動き、そして瞬きの意味とそのリズムを読み取りながら、瞬きが起きる直前まで引き延ばした緊張感のある切り方をするか、又は瞬きをした後で収束感を満たす編集にするか、シーンごとの場面の感情表現によってベストな選択を考える。役者の呼吸と同じように、役者の眼の動きも演出のクオリティーに影響をもたらす重要なポイントなのだ。

観客の眼を動かす術 #2

「カメラの眼の動き」

観客の視線は、カメラの動きでも左右される。そしてカメラの動きを誘導するのは作り手、つまり監督の意識である。それが登場人物の心の意識に忠実に反応してフォローすることもあれば、あえてそれに反した動きをさせることもあるので、素材から読めるカメラの動きには最善の注意を払いたい。監督がシーンをどのように観客に感じてもらいたいのかという意図をカメラの動きを読んで探り、それ相応の編集に努めるのだが、ここで気をつけるべきなのが「登場人物の意識」と「作り手の意識」の違いであろう。カメラの動きは大概、キャラクターの心情の変化やストーリーの展開を表すものだが、場合によってそれはストーリーをさらにマクロに捉えた俯瞰的なテーマ、つまりメタ・ストーリーを暗示させるものにもなりかねない。

例えば編集中に人工的に加えるカメラの動き（主人公の表情にズームインしたり、ズームアウトしたり）は、単にキャラクターをドラマチックに見せるためだけではない。あえて動き

（意識）を足すことで、「映画のテーマの意味」を、観客にそれとなく伝える技法でもあるのだ。キャラクターの内面の世界に観客を誘い込むのが目的のカメラの動きなのか、それとも監督もしくは作品自体のテーマを観客に仄めかすことが目的の動きなのか。編集者はその違いにも気を配りながら、いつ、どのようなカメラの動きを強調すべきかを考える。

観客の眼を動かす術 #3「編集による眼の動き」

魔法とは、現れるはずのないものを、現れたと思わせる錯覚を演出することである。

形が類似したビジュアル映像を繫げて観客の視覚を刺激することで、別の何かを連想させる術。「あ、化けた」と観客に感じさせるには、ゲシュタルト法則とモンタージュ理論の働きを同時に演出して、AとBという「1＋1」が化学反応を起こして「3」という化け物を誕生させてくれなければならない。

観客の意識の眼を「3」に向けさせたい時、何と何を繋ぎ合わせるべきなのか。

映像が反応し合って創る意味を、観客の持ち前の能力に託して解読してもらう。これは作り手と観る人との信頼があってこその遊びである。観客の眼の動きを巧みに操り、彼らの意識を翻弄して楽しませる。これが映画の世界に引き込むための催眠術である。魔法をかける側とかけられる側との暗黙の了解なくして、マジックの効果は生まれない。映画編集は、物語の中の登場人物の視線とそれを捉えるカメラの視線、それに加えて編集が暗示する視線、この三つを巧みに使い分けて観客の意識を操る術なのだ。

編集秘法 #6

眼の解読力

Black Widowと中華鍋

（映画『ブラックハット』より）

観客の眼の解読力の例として、マイケル・マン監督作品『ブラックハット』に登場する「中華鍋カット」を挙げてみたい。実はこれ、「気がつく人はいないだろう」とほんの遊び心でやったことだったのだが、さすがマイケル・マン。目ざとくキャッチして重宝がってくれた。劇場公開後、ニューヨーク・タイムズ紙のマノーラ・ダルジスも見落とさずに指摘してくれたので、プロの映画評論家の眼も捨てたものではない。

映画の中盤あたりに、主人公がアメリカ国家安全保障局の極秘データ修復プログラム"Black Widow"を横領するために組織のシステムをハッキングするシーンがある。偽名を使ってログインすると、スクリーン一面に楕円形のグラフィックスが蜘蛛の巣のごとく広がり、「ハッキングは果たして成功したのか?」というスリルの絶頂で終わるこの場面の次のカットは、近所の中華街の料亭で待機していた仲間と合流する主人公のワイドショットだった。このトランジション(シーンの移行)が私にはどうも腑に落ちなかった。自分の運命を賭けてまで国家の極秘ソフトウェアをハッキングした主人公の捨て身のリスクとドラマが生む緊迫感が、中華街の俯瞰的なワイドショットで希薄になっているのが残念に思われた。なんとかテンションを持続させる方法はないかと試行錯誤していると、偶然にも燃え盛る炎の上で大きな中華鍋を振り回している中国人の料理人の映像を発見。丸い中華鍋と"Black Widow"の楕円形のグラフィックスが私の眼にダブった。「この二つを連鎖させてみては?」と興味本位で繋げてみると、案の定、主人公の熱い覚悟が炎の上で躍る中華鍋に託されて、爆発的なインパクトのあるトランジションができた。

後章でも触れるが、映像を切る美学は「1+1=3」の為にある。どの画をどこで切ってどのような画と繋げて連鎖反応を引き起こすかで、観る人に存在しない「何か」を見たように錯覚させる。何もないはずの画と画の間に「何か」が宿る。映画の魔力は画と画の間の切れ目に潜んでいるものなのだ。

父と息子の二つの戦場

（映画『マッドバウンド 哀しき友情』より）

今まで自分が編集した作品の中でも『マッドバウンド 哀しき友情』が特別なのは、あの映画が真の意味で、編集によって脚本が書き終えられた作品だったからだと思う。監督との共同作業によってあれほど脚本を進化させた作品は後にも先にもない。だからといって別段、脚本に欠陥があったわけではない。撮影された素材の新たなポテンシャルに私たちが反応して対応しただけに過ぎない。編集段階で登場人物の関係性が大幅に変わった原因は、撮影現場での役者同士の熱量であり、それがさらにパワフルなドラマを生んでくれたからである。

まず最初に気づいたのは、黒人の父親と息子の絆の強さだった。二人の役者が演じる親子の関係の信憑性に、私は素直に心を打たれていた。

映画は第二次世界大戦後、人種差別問題で荒んでいたアメリカ南部を背景に屈辱と虐待に苦悩する黒人奴隷家族の物語を描いたものだが、現代の黒人俳優があの時代の黒人のキャラクターを演じることは、精神的な負担がかなりあったようである。そのせいか、親子役を演じる二人の黒人役者は常にお互いを労わり、庇《かば》い合いながら精魂込めて芝居をしてくれていた。映像から滲み出る父と息子を演じる二人の愛情に、嘘はなかった。

脚本によると、戦争に召集されてヨーロッパへ渡った黒人の息子ロンゼルは、同じ最前線に駆り出された白人の青年ジェイミー（黒人家族を所有する白人地主の弟）と対比した形でドラマが展開する仕組みになっていたのだが、私はいつの間にか引き裂かれた父ハップとロンゼルこそ対比させるべきではないか、と思い始めていた。

それが確信に変わったのは、別々のシーンで父と息子の〝ある似た行為〟を収録した素材を見た瞬間だった。ヨーロッパ戦線で戦車隊の一員となったロンゼルが炎上する戦車から飛び降りるアクションと、故郷アメリカ南部でハップが教会の屋根から転落して足を骨折するという、どちらも転落してしまう行為が、私の目には物語のテーマそのものに見えた。地球を半周した別世界で一方はファシズムと、もう一方は白人社会という宿敵と奮闘する姿を「繋いでやらなければ」と本能的に感じた。父子が堕ちるという二つの悲劇を編集によって一つの現象として仕上げると、時空間で引き離された父子の戦場が「一つの闘い」に化けてくれた。そしてそれは二世代にわたる終わりなき紛争の脅威を仄めかし、黒人奴隷として生まれた者の呪縛とも言える宿命を見せつけられて、鳥肌が立ったのを今でも覚えている。

そして転落して足を骨折したハップが激痛に苦しむ叫び声がまるで遥か彼方のヨーロッパまで届いたかのごとく、ロンゼルがふと空を仰いでみせたような錯覚を見た時の衝撃。あれはまさに眼に見えない何かが生まれた瞬間だった。時空間の壁を突き破って心を通わせた父と息子の絆を、あの編集は見せてくれた。

メタ・ストーリーとは

メタ・ストーリー（meta story）は、直訳すると「ストーリーを超越したストーリー」を意味する。どんな物語にも、それを語ることで語りたい別の物語がある。映画の脚本家にしても、脚本に書かれている物語を語りたい動機が他にあるはずだし、それを映画化したいと思う監督にもその人なりの動機があるはずである。物語を語ることで「本当に触れたいテーマとは何か」。それを理解、もしくは理解できなくてもそれを常に探求することは、作品の質と芸術性を高める要因になると、私は思っている。編集者にとってメタ・ストーリーは〝ドラマを動かすドラマ〟を意味しているからである。

二時間という限られた時間の中で映画が映画としての威力をフルに発揮するためには、主人公は筋書きやストーリーのためだけに存在してはならない。彼らには映画のテーマを担う使命があり、メタ・ストーリーのために生きて（時には死んで）もらわなければならないのだ。物語の最終目的地がどこなのか。ストーリーの目的は何なのか。そのためのシーンの役割は、主人公の動機は何であるべきなのか。全ての答えのヒントは、メタ・ストーリーに秘められていると言っても過言ではない。

「映画を作る動機だって？　それは自分の眼でその映画を観たいから」と、ある著名な映画監督が語っていたように、映画の正体は完成するまで分からない。それが言葉では語れないミステリーだからこそ、映画でなければならないのだ。映画を「観たい、知りたい」という映画監督の願望は、得体の知れない何かを信じて映画と一緒に走り続ける原動力。未知なるものを求めてやまない監督の情熱と好奇心、そして探究心こそが、映画に宿る新しい命を発見してくれるコンパスになる。

Director（指揮する人）そしてRéalisateur（実現する人）として観たい映画に向かって懸命に走る映画監督は、まだ見ぬ映画を信じさせてくれるパワーを、私たちに与えてくれる。

映画は特効薬

そもそも私たちはなぜ映画を観るのか？　映画の魅力とは何なのか？　それは単なる二時間の娯楽、余興なのか？　それとも現実逃避の手段でしかないのか？　映画と過ごす時間に、私たちは一体何を期待して、何を求めているのか？

幼い頃、私は映画館に行くのが大好きだった。劇場内の照明が次第に暗くなり、目の前の大きく真っ赤なビロードのカーテンがシュルシュルと音を立てて昇っていく度に胸が躍った。見知らぬ大勢の人たちと共に、スクリーンに投影される映画に導かれて遠い国へ旅立つ快感が待ち遠しかった。広島というリアルすぎる〝時空間〟の現実から映画は私を一時的に自由にしてくれて、我を忘れさせてくれた。そして鑑賞後、再びシュルシュルと音を立てて降りるカーテンとともに現実に引き戻された時のあの気恥ずかしさ。映画の余韻を密かに抱えて夢遊病者のように人波に流されて劇場の外へ足を踏み出した時、どことなく二時間前とは違って見える現実に、さっきまで別世界で笑いと涙を共にした赤の他人が消えていくのを、愛おしく眺めている自分がいた。

あまり思い通りにいかない現実や、好きになれない自分を多少なりとも変えてくれた数々の映画たち。二時間の間にかけられた魔法は、ガラスの靴を履いたシンデレラを僅かな時間でも別人にしてくれたように、私を毎日の小さなトラウマから解放してくれた。束の間でも癒されていたとしたら、私は映画に救われていたのかもしれない。

苦い映画ほど効く理由

西洋の芸術の根源に、「アポロ型（Apollonian）」と「ディオニソス型（Dionysian）」という芸術表現の二面性があることを知ったのは、コロンビア大学哲学科在籍中に実存主義の創始者、哲学者キルケゴールの思想に影響されてニーチェの哲学と出会った頃だった。アポロとディオニソスはギリシャ神話の神様で、二人とも全知全能の主神ゼウスの息子たち。アポロは太陽神として理性と秩序を象徴する一方、ディオニソスは情熱と本能、そしてカオスを支配する陶酔の神。私はこれを〝陽〟と〝陰〟と解釈した。西洋の道徳が〝善〟と〝悪〟という対照的な価値観で形成されているように、西洋の理想とする芸術表現の基礎も、この二つの対比で形成されている。

第二次世界大戦中に、日本国民の民族としての性質と行動を研究した文化人類学者ルース・ベネディクトは、ディオニソス型についてこう説明している。

> ディオニソス型は日常の限界を消滅させることにあり、自分の五感による束縛を打ち破り、異なった次元の体験をする瞬間に最も高い価値を求める。

ディオニソス型の人間は、個人的な体験、あるいは儀式において自分を超えて新しい心理状態、あるいは過剰な状態を得ることを求めている。彼らが求めている感情に最も近いものが、陶酔状態であり、興奮状態がもたらす光に価値を見い出す。

実存主義に傾倒していた私は、サルトル、ドストエフスキー、カミュ、カフカ、ボーヴォワール、トルストイ、モーパッサン、アルチュール・ランボーなどの文学者の作品を読み漁り、行き着いた先がアントナン・アルトーだった。古来から公共の場で執行されていた「処刑」という人間社会の現象も、実は芸術表現に違いないという彼の過激な思想（『残酷劇（Theatre of Cruelty）』）に強烈なショックを受けた。「なぜに老若男女は残酷に殺される人間の断末魔を、敢えて見たがるのか」という疑問に、人間の持つサディスティックで歪んだ残虐な趣向がそうさせたのではないと言い切ったアルトーにとって、残虐劇は人間が現実と向き合って生きていくために欠かせない癒しの薬のようなものだったのだ。

処刑される場面を繰り返し演出することで、人は命が絶たれる恐怖と不安を大衆と共有し、死への恐怖を昇華させる。すなわち処刑という暴力的行為は、人間が生きていく意欲を持続させるための演出に過ぎず、それは時間（寿命）という呪縛から人々を一時的に解放するエクスタシーに他ならない。まさにそれがディオニソス型の〝日常の限界を消滅させること〟だとしたら、死を怖れずに向き合う演出は、人に生きる喜びと価値を再認識させるための芸術の成せる技だと言えるであろう。日常の限界を消滅させるディオニソス型の芸術が映画ならば、映画体験はある種の癒しの儀式でもあり、鑑賞後の私はその余韻に酔っていたに違いない。

映画館を後にしてそれぞれの現実に戻っていく見知らぬ人間に情を感じたのは、きっと映画という芸術が与えてくれた薬の効果だったのだ。確かに映画はわずかな時間、自分を超えた何か大きな存在と繋がった連帯感を与えてくれた。普段は行けない、見られない、見てはならない、見ても言葉にならない〝何か〟を求めて感動を共にした名前も知らない仲間の後ろ姿が人混みに消えていくのを眺めながら、たとえ独りでも独りぼっちではない不思議な安心感に浸れた。暗い映画館から路上に出て浴びた太陽の光がどことなくいつもより暖かく感じたのは、気のせいではなかったのだ。

映画を観る時間も、そして他の芸術を味わうことも、生きていくうえでの特効薬だとしたら、私たちはこの先、どのような映画を作るべきなのだろうかと考えずにはいられない。

「切る」哲学

ファースト・ビューイングの覚悟

X監督の新作の撮影も残り三週間となったある日、「新しいエンディングを考えた」と監督が電撃発表をした。映画の終わり方が変わるということはかなりの重大事件である。「なぜ別のエンディングが必要だと思ったのだろう?」と考えを巡らすと、ふと思い当たる節があった。それはつい数日前に監督に見せた映画のラストシーン。ということは、脚本通りのエンディングに満足しなかったということなのか?

映画の物語の結末が変わるということは、作品の本質的なメッセージ、つまりメタ・ストーリーの内容が変わるということにもなりかねない。新しいラストシーンのアイデアを監督から詳しく聞かされた時、脚本から私が捉えていたもともとのメタ・ストーリーとはかなり違う印象を受けたので正直、不安になった。目的地が違えばそこへ辿り着く道筋も変わってしまう。そうなるとストーリー全体の解釈やシーンそれぞれの役割に多少なりとも影響してくる。これはどうしたものか。いや、どうしようもない。違う目的地に向けて方向転換しようとしている監督を信じて進むしかない。しばらくすると案の定、「映画の題名も変わるらしい」という噂が立ち始めた。

そうこうするうちに撮影も残すところ一週間を切り、ついに避けて通れないファースト・ビューイングという関所がやってきた。これは作品の最初から最後まで初めて通しで鑑賞することで、どの作品の時でもそうなのだが、映画との「初対面」は、はっきり言って怖い。それまではただ毎日、なだれ込む素材を無我夢中で捌きながら走っていれば良かったが、遂に作品の正体を知らねばならない時がきてしまったのである。この先数ヶ月間、一体どんな化け物と向き合っていかねばならないのか。覚悟の時が来た。

アシスタントに「立ち入り禁止」の貼り紙を編集室のドアにつけてもらい、編集室の明かりを消してコーヒーとノートを手にソファーに座り、腹をくくる。鑑賞中にいくら編集ミスが目についても、ぐっと堪えて最後まで通して見続ける（これが一番辛い）と心に決めて再生ボタンを押す。そして映画が完走するまでスクリーンから一瞬も目を離さず、暗闇の中でペンを走らせながら鑑賞（まるでミミズが爆走した走り書きを後で解読するのは一苦労）。いつものことながら、映画全体の形を体感することで、今まで見えなかったことが見えてくる。そして自問自答が始まる。感動はあったか？　あったとしたらどこだ？　登場人物の印象は？　彼らのドラマに共感できたか？　映画を見終わった感触は？　メッセージは？　作品の長所は？　欠点は？

この作品についての批評は本書では語らないが、ただ一つ、ファースト・ビューイング鑑賞で確信できたことがあった。それは以前から気にかけていた俳優Zが二役を演じるホテルのレストランのシーン。あの場面がやはりこの作品にとってどれほど重要かということである。「やっぱり……」と私は心の中でため息をついた。

実はこのシーン、数週間前からストーリーの中での位置付けが曖昧なまま問題視され、プロデューサーとも何度も議論を重ねていた箇所だったのだ。脚本では物語の前半にあったシーンなのだが（「起承転結」の「承」）、ストーリーの流れとして中盤あたり（「起承転結」の「転」）にずらしたほうが効果的ではないかと、私は内心思っていた。監督がシーンの書き直しを何度も繰り返していた最中、「マコはどう思う？」とプロデューサーから相談を持ちかけられた時、「こんなに大事なシーンの位置すら決められないこと自体が信じられない」とはっきり言わせてもらった。このシーンが全体のストーリーのどの場面に位置するのかをまず明確にしないで、シーンの目的に適した台詞が書けるはずがない。結果的には前半でも中盤でもどちらにも順応できる半熟な仕上がりのまま撮影に臨んでしまったので、台詞に説得力が欠けていることがファースト・ビューイングで決定的になってしまった。

メインの登場人物である二人の男の生き様が衝突するこのシーンこそが、映画のテーマの見せ場でもあったはず。決して適当であってはならなかった。

プロットとストーリーの違い

ここでプロットとストーリーの違いについて明確にしておきたい。二つを同じものだと勘違いしている人もかなりいるようだが、実際は全く別のものである。

プロットは、筋書きをもたらす出来事を起こす登場人物の行動やアクションのことをいう。例えば「Aの選択をしたことで、Bが起きてしまったから、Cが発生して、Dという結果になる」という事件の流れがあるとしよう。それに対してストーリーは、プロットがもたらす登場人物の喜怒哀楽の流れによる旋律を意味する。「過去の失敗を反省できずに心を病んでいた主人公が、好きになった人に批判されたことで怒り、悲しみ、挫折した結果、勇気をもって過去の罪と向き合い、生まれ変わる」という例のように、内面的な心の変化と感情の流れの起承転結のことである。バランスの取れた映画は、プロットとストーリーの相違を理解したうえで、双方を上手く絡ませて構成した物語を脚本に落とし込んでいる。

ドラマ性が薄ければプロット重視で進むしかない一方、ストーリーの内容さえ充実していればプロットが薄くても最後まで完走できる。この違いは大きい。映画の作り手はプロットとストーリーの区別をしっかり見極めて対応したい。二つの表現を混乱させたままだと、肝心なところで双方の足を引っ張る結果になりかねないからだ。

そして忘れてはならないのが、全ての原動力となるのは動機、つまりモチベーションだということ。動機なしではアクション（プロット）も起動しないし、エモーション（ドラマ）も生まれない。

動機（motivation）に左右される編集

動機にも表面的なもの（プロット）と内面的なもの（ストーリー）がある。私が脚本を読んで素材を評価する時、一番気になるのはどれだけ主人公の動機を理解してフォローできるかである。主人公は心の動機に沿って適切な行動をとっているか。またそれは自然に違和感なく表現されているか。常識に基づきながらも予想外の行動や台詞が書かれているとなおさら良いし、主人公の行動に納得のいく意外性や発見があればあるほど評価も高い。「事実は小説よりも奇なり」という言葉があるように、常識の中にある非常識の面白さを書いていれば大したものだ。

X監督の作品に話を戻そう。

この映画に関しては、実は一つだけ、最後まで腑に落ちなかったことがある。それは主人公の動機についてであった。

映画は、ナレーション形式で主人公が30年前に起きたある事件の真相を自白する物語なのだが、そもそも彼がなぜ今になって自白する気になったのか、なぜその必要があったのか、そして何のために語らなければならないのかという彼の動機が不明のままだった。それさえ判明すればプロットとストーリーの扱い方だけではなく、主人公の演出を編集でどのように調整するべきなのかが自ずと理解できるし、主人公の自白の動機が分かれば、作品のメタ・ストーリーの理解にも繋がるし、映画全体のトーンもよりはっきり見えて（聴こえて）くる。

作品のトーンが摑めれば、編集者は構成においても、演技においても、音楽においても適切な判断と選択ができるのだ。これは具体的にどういうことを意味するのか、例としてまとめてみた。主人公が30年前の過去の真実を告白する動機の違いによって、メタ・ストーリー及びそのトーンにどれほどの影響をもたらすのか、察しがつくと思う。

動機　「死ぬ前に自分の成果を自慢して認めてもらいたかった」
メタ・ストーリー　自分を神話化したい小心者のヒーロー自伝
トーン　コミカル、楽観的、爽快、皮肉さ

動機　「死ぬ前にもう一度、昔の懐かしい親友を思い出したかった」
メタ・ストーリー　時代に翻弄された男の最後の抵抗
トーン　ノスタルジー、男らしさ、優しさ、潔癖さ

動機　「死ぬ前に自分の罪を自白して、赦しを乞いたかった」
メタ・ストーリー　人生末期の生まれ変わりと反省
トーン　親密さ、悲哀さ、素朴さ、女性的な意外性

動　機　「死ぬ前に自分で自分を裁きたかった」
メタ・ストーリー　全てを賭けた自分との闘い
トーン　ドラマチック、ダーク、緊張感、危機感

このようにトーンの違いによって編集のスタイルやリズムも変わってくるので、やはりキャラクターの動機は知っておきたい。

登場人物の動機を把握して作品全体のテーマとその目的を理解できれば、一つ一つのシーンの意図とその役割も自ずと分かってくる。"What is this scene *really* about?"（このシーンの本当の意味は？）という自問自答を、編集者は日々、呪文のように唱えているのだ。

X監督の作品の問題のシーンに関してはその本質、つまり"What is this scene *really* about?"の答えが出ていれば、シーンがどのあたりに位置するべきなのか一目瞭然であったはず。そして何のためにそのシーンが必要なのかが判明できていれば、それなりに全力

投球した台詞が書けたはずだ。

シーン（Scene）とは？

シーンの編集をする前に、編集者が必ず自問自答すべきもう一つの質問は、"Whose scene is this?（誰のためのシーンなのか？）"である。

「誰のシーン？」という問いをプロット観点から見ると、それは恐らくシーンの中で事件を起こしている中心人物を指すであろう。要するに最も台詞や動作や所作が目立つアルファ（陰陽の「陽」）の役割を果たしている登場人物である。ところがストーリー観点で見ると、注目すべき人物は必ずしもアルファであるとは限らない。案外、アルファの行動に対して受け身の体勢の目立たないベータ（陰陽の「陰」）的人物であることもあり得るのだ。従って編集者は、誰のためのシーンとして編集するべきかを独自に判断し、誰の視点に観客の意識を同調させることがドラマにとって最も効果的なのかを考える。"There are two sides to every story（どのストーリーにも二つの側面がある）"という諺もあるように、どのシーンにおいても、アルファあるいはベータの視点から体験できるオプションがあることを忘れてはならない（前述のように、素材さえあれば編集で意識を操ることはできるのだから）。後に紹介する「アルファ編集」と「ベータ編集」という二つの対比的なアプローチで編集すると、どれほどシーンの意味合いが変わるか、参考にしてほしい。

シーンとストーリーの関係性

それぞれのシーンの意味と役割は、前後のシーンとの関係性によっても影響されるものなので、シーン展開の順序も安易であってはならない。どのシーンからバトンを受け取り、どのシーンにバトンタッチするかによって、シーン自体の意味合いが微妙に違ってくるものなのだ。積み木を巧妙に積み上げて造られた物体から一つを引き抜いたら全てが崩壊してしまうように、一つ一つのシーンの積み重ねは、決してランダムであってはならない。逆にシーンの順序を入れ替えるだけで、思いもよらなかった発見や展開、問題の突破口を生み出してくれることもある。

編集秘法

編集秘法 #7

シーンの流れで化けるドラマ

恋人たちの覚悟

（映画『マッドバウンド 哀しき友情』より）

映画の終盤あたりで、ヒロイン役のローラと義理の弟ジェイミーのラブシーンがある。実はこのシーン、脚本に書かれていた順序とは逆である。

脚本では、ジェイミーが街を離れることを知って動揺したローラが彼に身を捧げた後、二人の浮気が義理の父親に仄めかされて罪悪感に苛まれるという流れになっていたのだが、完成された映画では、ローラとジェイミーの情事は父親に二人の浮気がバレた後に起きている。なぜ濡れ場のシーンの順序が逆になったのか？　それには理由があった。

脚本通りに編集していた当初、お互いに惹かれ合いながらも結ばれてはならないローラとジェイミーを演じるキャリー・マリガンとギャレット・ヘドランドの演技に、私は魅せられていた。満たされることのない人生に潤いを求めて必然的に惹かれ合う二人は、癒えない傷を労り合う戦士たちのようにも感じられ、そんな二人の濡れ場は単なる肉体的な欲情とは言い難い、どこか崇高な覚悟と悲壮感が漂っていた。しかし、彼らの情事の後で不倫が発覚するという脚本の構成だと、二人が結ばれる行為のキャラクターの動機が、ジェイミーが街を去る決心をしたことが引き金となって起きたことのように捉えられ、筋書き的には不倫を暴露させるための都合の良い設定のように解釈されるのが残念に思えた。これでは役者の演技に込められた二人の深い愛情のニュアンスが伝わらない。あの情事がローラとジェイミーにとってどれほどの覚悟をかけた行為であったのかを観客に察してもらうには、どうすればいいのか？　編集で何ができるのか？　そう考えて閃いたのが「逆にすればいい」という発想だった。

情事が不倫発覚のきっかけとなるのではなく、不倫発覚にもかかわらず二人が選んだ行為として構成し直せばいいのだ。

シーンの順序を逆にしてみると案の定、二人のラブシーンは世間の蔑みの眼にも屈しないローラとジェイミーの抗議の表現と化してくれた。それだけではない。覚悟のもとで体を重ねた後にジェイミーが街を去る決意は「ローラを守るため」の彼の優しさとして受けとめられ、より深い感動を呼ぶ結果となった。シーンの順序を入れ替えるだけで、彼らの愛は生きるために不可欠な行為であったという語りを可能にしてくれたのだ。

脚本が決して正しいとは限らない。素材と向き合い、役者の演技に心を開き、映画のポテンシャルを追求し続けることが、映画のさらなる成長に繋がることもある。

二つに分けた夕食

（映画『マッドバウンド 哀しき友情』より）

『マッドバウンド 哀しき友情』には編集によって書き換えられた箇所が実は山ほどある。ローラとジェイミーの情事のシーンもその例だが、もう一つ挙げられるのは、映画の中で二度登場する黒人奴隷家族の夕食のシーン。種を明かせば、この二つのシーンはもともと一つしかなかった夕食シーンを分けて作られたものである。南部の土地を購入後、家族を連れて引っ越してきたローラの夫ヘンリーが、夕食中の黒人奴隷一家を訪ねて父親を仕事に駆り出すシーンをなぜ二つに分ける必要があったのか？

それはハップという黒人の父親の動機とキャラクターアークをより充実させるためだった。

白人で地主でもあるヘンリーと彼の使用人で奴隷のハップ。天と地ほどの差がある対照的な境遇の二人には実は意外な共通点があった。それは土地への愛情と執着心である。ヘンリーが地主になりたいという個人的な動機はナレーションで詳細に語られているのに対して、ハップの土地への愛着と地主になりたい夢は、まるで奴隷ならそれを望むのは当然と言わんばかりに語られていなかった。これではヘンリーと比べてハップという人格の描写が疎かになりすぎてはいないか？　どうにかハップの土地への愛着を彼なりの世界観で表現することはできないかと模索していると、目に付いたのが夕食シーンの冒頭で彼が熱心に地図を眺めている映像だった。「これを独立したシーンとして扱えないか？」という思いつきがことの始まりだった。最初の半分の夕食シーンを幻想的な夕焼け時にハップが独りで土地を耕している素材と繋ぎ合わせて編集したモンタージュを監督にプレゼンすると、彼女も私の意図を理解してくれた。そして脚本にはなかったハップのモノローグ（心身ともに酷使され死んでいった先祖代々の流した血で潤った土地への慕情を表現した圧巻な散文）を書いてくれたおかげで、ハップという人間をよりヒューマナイズさせる効果を生むことができたのである。あのシーンがなければ、観客はハップという人物に出会わないまま物語が進行してしまい、彼の葛藤に心から共感できないままに終わっていたであろう。

あえて完璧な夕食シーンを解体する必要はなかったのだが、その一部を切り離して多様化させることで、観客の感情移入を高められるのであれば容赦なく、切る。手品師が一つのボールを数羽の鳩に変えて観客を喜ばせるように、一つのシーンを切り刻むことで複数のシーンのドラマを誕生させて観客をさらに物語に引き込むトリックをやってのける編集者は、やっぱり魔術師なのだ。

キャラクターの心理を理解するには、まずその人物になり切ること。彼らの目線から世界を見てみることで、見えなかった何かが、見えてくる。

編集とメソッド演技

演技法の一つに「メソッド演技」というものがある。キャラクターの人格や体験と一心同体になることを基本とするものだが、編集もそれと似ているところがあるとつくづく思う。

なぜなら編集者は編集するにあたって、時には主人公になった気持ちでシーンをキャラクター目線で体現することで、見えなかったものが見えてきたり、意外なことに反応したり、別の視線に気づいたりすることがあるからだ。登場人物に何が起きて、何を感じているのかをまずイメージすることで、いつ、どのタイミングで、どこに意識を持っていくべきなのかを判断する。編集をするにもまず「感じる」ことが、画を切る動機でなければならない。

編集技術をマスターしたからといって、誰にでも編集を任せられない理由は、編集者一人一人の人間としての個性と感性が編集能力の根本にあるからだ。登場人物やストーリーを理解する能力、ドラマの洞察力、視聴覚のセンスは、その人の編集に必ず反映されるもの。失恋体験のない人が編集した失恋シーンと、辛い失恋体験をした人が編集したものを見比べると、きっと何かが違うはず。人生経験が心身に残す記憶は、役者がキャラクターを演じるための道標になるように、編集者にとってもかけがえのない知恵になる。

役者は役柄の真髄に近づけば近づくほどその人物の心の闇が見えてくる。そしてそれはいつしか役者が演じるうえでの原動力となってくれる。編集者も秘められたドラマを感じれば感じるほど、技にも深みが加わる。「見せない見せ方で」その闇を見せることで、観客をドラマの真髄に誘い込むことができるのだ。

〝見られないものを見たい〟心理

「見てはならないものを見てみたい」という人間の本能的な欲望は、「大切なものを隠したい（守りたい）」という人間の理性と背中合わせなのかもしれない。誰にでも人に知られたくない秘密はあるものだし、何かに怯えたり、恥じたり、怒ったり、後悔したりと様々な想いを抱えているものである。

「何を恐れているか」は、私がキャラクターを分析するときに必ず問いかける質問の一つである。恐れるものなど何もないキャラクターほど面白くない人物はいない。隠したい秘密がない人間には、リスクがない。リスクがないところに、ドラマはない。どんなジャンルの脚本を読んでいても、「主人公が最も恐れているものは何だろう?」と考えるのは、その恐怖の中に必ずドラマの原点が潜んでいるからだ。

秘密や謎は、心を動かすドラマを走らせるための燃料なので、これは大いに利用したい。

観客の求めるものは、登場人物が最も恐れているものの正体。その見えないものをどう演出するかが、勝負なのだ。観客の〝見られないものを見たい〟本能を翻弄しつつ、見せるべきものを〝見せないように見せながら〟ドラマを前へ前へと走らせる。

編集秘法 #8

「見せない」見せ方で人を魅せる

暗室が浮き彫りにする過去

（TVドラマ『ペリー・メイスン』シーズン1／第二話より）

私が初めてメインの編集者として関わったテレビ番組は『ペリー・メイスン』。日本でもスターチャンネルで放映されたのでご覧になった人もいるかもしれない。監督兼プロデューサーのティモシー・ヴァン・パタンは『ザ・ソプラノズ 哀愁のマフィア』や『ボードウォーク・エンパイア 欲望の街』などの人気番組を生んだ名監督。ディズニー系のFXネットワークス製作シリーズ『SHOGUN』リメイク企画で彼の編集者として抜擢されたのだが、とある事情で彼は番組を降板。間もなく彼が『ペリー・メイスン』を監督することになったとき、私を番組のチーフ編集者として招いてくれて、第一話から第三話までを担当させてもらった。

中でも第二話は、第一次世界大戦で主人公のメイスンが引き起こした「ある事件」の謎が明かされるという、キャラクター構成においても見せ場となるエピソードだった。幸い監督とは『SHOGUN』の時にスクリプトノートを分かち合った仲で、気兼ねなく意見を交わせる信頼関係が出来上がっていたので、私は早速、気になっていた点を監督に打ち明けてみた。

それはメイスンが戦時中を振り返るフラッシュバックについてであった。

誘拐殺人事件で子供を殺害された母親をメイスンが尋問した後、何の前兆もなく突然戦時中の過去へフラッシュバックするくだりが、どうもプロット展開のためのこじつけのようで気になっていた。過去のトラウマを、誰も好き好んで思い出したりはしない。主人公が思い出したくもない過去を、動機もないままに無理矢理回想させてしまうと、それは説得力に欠け、単なるプロット展開のための情報でしかない。どうしても思い出さなければならないのであれば、せめて動機を作ってやることがキャラクターに対する道理というものだ。そこで私は、主人公が第一次世界大戦の戦場体験を自然な形で思い起こすことを可能にしてくれる「ある解決法」をダメもとで監督に提案してみた。

それは母親を尋問した後、自宅に戻ったメイスンが当日撮影した写真を暗室で現像する、という脚本にはなかった新しい設定のシーンであった。私立探偵の彼はカメラで写真を撮りまくる習性があるので、現像の場面があっても何ら不自然ではない。彼の視覚本能であるそのカメラの眼が捉えたものを現像する様子は、メイスンの潜在意識を覗く絶好のチャンスに思えた。現像される写真を上手く利用すれば、彼のトラウマの記憶を呼び起こす引き金となってくれるかもしれない。全く新しいシーンを撮影するとなるとそれだけ製作費が余分にかかるため、私の案が採用される確率は低いことは承知の上だったが、驚いたことに監督はその案を快く受け入れてくれた。

さてフラッシュバックへの入り口はこれで一件落着だが、出口はどうだ？　ここでも脚本とは違ったトランジションが必要だということに気づいた。

脚本によるとメイスンの戦場シーンの回想は、塹壕で敵と素手で死闘して命拾いしたメイスンに、今度は敵軍のマスタードガス攻撃が襲いかかり、「ガスだ!」と彼が叫んで逃げ惑うという場面で終わるのだが、これもどうも腑に落ちなかった。戦争体験のある兵士なら誰でも経験したであろう出来事を回想したところで、メイスンの心境の何を暗示しようとしているのかが曖昧で、フラッシュバックの意図が分かりずらい。回想の意義、すなわちメイスンのトラウマの正体は、ただ単に悲惨だった戦争体験だけではないはずだ。戦場の記憶の中に隠れているトラウマを〝見せずに見せる〟方法でフラッシュバックを再編集したのが、番組の完成版である。「え? まさかあのメイスンが……!」と観客を動揺させてあえて罠に嵌めるような工夫をしたのは、その誤解こそがメイスンが苛まれている過去の闇であり、その真相はラストのクライマックスまで引っ張ってから明かすのが最も効果的だと判断したからである。観客の意表を突いた(と同時に観客の納得のいく)感動をラストシーンで盛り上げるには、まず観客を欺く必要があった。

フラッシュバックは筋書きの一環ではなく、あくまでドラマの真髄を意図するものであるべきというのが私の鉄則である。登場人物にとって、思い出したくない辛い記憶であればあるほど、彼らの心理を尊重して何らかの前兆を与えてやるべき。いくら架空の登場人物でも、作り手の都合や要望で、登場人物の歴史と人生経験をむやみに悪用してはならない。なぜなら人間の心理のロジックに反したフラッシュバックは作り手のヤラセに過ぎず、そこから誠実な感動は生まれないからである。

火のないところに煙は立たない。しかし燃えているところには最も重い蓋がされているもので、ひょっとすると煙は火元でない別の場所から漏れてくる可能性もある。その煙をどこでどのように演出して見せるかも、編集こそが成せる技なのだ。

顔のない女

（ドキュメンタリー番組『Witness:Rio（原題）』より）

HBOの『WITNESS』シリーズは、世界各国の紛争地を飛び回る三人の戦場フォトジャーナリストを追跡したドキュメンタリードラマで、私はブラジルのリオ編とアフリカのリビア編を担当した。実際に現地で取材するフォトジャーナリストたちに密着し、彼らのリアルな追跡過程をありのままに記録した素材は、なんと一作につき200時間以上もあり、それを一時間番組にまとめる作業は一筋縄ではいかなかった。

ドキュメンタリーなので無論台本もないし、既存のストーリー構成もない。実際の彼らの取材をひたすら追跡した気の遠くなるほどの膨大な素材からドラマの骨格を掘り起こすのは至難の業。故にドキュメンタリー編集は編集者が脚本家と監督の両方の役割を担うため、語り手としての才覚が特に試されるジャンルでもある。

リオ五輪を控えて経済的な急成長を遂げるリオデジャネイロの政府機関とスラム街の貧困及び人種問題を取り上げた社会派サスペンスのリオ編は、現地の警察官や政治家などの権力者とファヴェーラというスラム街を仕切るギャングとの依存性や汚職問題の実態が暴かれていく過程を描いている。そのため尋常ではないリスクが伴う取材でもあった。政府機関と犯罪グループの裏社会の繋がりを調査することは現地ではタブーとされており、実際、多くの報道記者や民間人が誘拐、拷問、さらには暗殺されていた。

それでも取材に応じてくれたファヴェーラの住民である匿名女性のインタビューに、私は大きな衝撃を受けていた。彼女は警察とギャングがグルになっている現場を目撃した生き証人で、その証言はリオの荒んだ政治汚職問題にとどめを刺す致命的なものだった。自分の身を危険に晒すことを覚悟した彼女の証言には鬼気迫る迫力があった。

命をかけた彼女の素材の価値を伝えるには定番のインタビュー方式では断然、物足りない。どうすれば視聴者に彼女の覚悟を感じ取ってもらえるだろうか。何か別の表現方法はないかと考えを巡らせていると、ふと妙なことに気づいた。それは彼女が履いていた真っ赤なハイヒールだった。リオの貧困街は山の急斜面に位置し、バラック住宅が所狭しと密集した地区なので、ほとんどの住民は草履のようなサンダルを履いている。それなのにテレビ取材という晴れ舞台だからか、彼女はわざわざハイヒールを履いてきてくれていたのだ。私はそこに女性としてのささやかな虚栄心と底知れぬ逞しさを感じて、閃いた。彼女の置かれた不安定で危うげな境遇を見事に暗示しているのは、まさにこれだ。見せるべきものは彼女の顔ではなく、この赤いハイヒールに違いない。

そこであえて彼女の顔を〝見せない見せ方〟で再編集してみた。顔を見せないということはすなわち素性を隠すこと。それは社会的に抑圧されて不利な立場にいる人間の境遇を裏付け、彼女の証言の信憑性をより高めてくれた。さらに「顔が無い・見えない」ということは、その人のアイデンティティーはもちろん、人権すら否定されていることを暗示し、それは貧困と人種差別で社会から爪弾きにされ続ける貧困街の住民の存在そのものを仄めかしてくれた。

TAIJIの謎

（ドキュメンタリー映画『WE ARE X』より）

ロックバンドX JAPANのYOSHIKIにまつわる無数の悲劇は、ファンの方であればお馴染みのことであろう。しかし恥ずかしながら、私はこの仕事をするまではX JAPANの存在すら知らなかった。私のように予備知識のない人間にバンドの存在と歴史にまつわるドラマをどのようにアピールするべきか、悩んだ。なぜならバンドの歴史の解説者としてのYOSHIKIが既に完成させていた語りのスタイルを、そのままリサイクルすることが映画にとってベストだとは思えなかったからだ。

「彼らのドラマを、別の切り口から攻めなければならない」と私もアメリカ人の監督も気づいてはいたが、その切り口がどこにあるのか、当初は見当もつかなかった。

ビジュアル系というジャンルの先駆者とも言えるX JAPANの見た目の派手さと爆発

的なパワーに欧米人は圧倒されて、バンドの本質を誤解してしまうのではないかという不安もあった。実際、監督も1990年代当時のバンドメンバーたちの尖ったメイク、ヘアスタイル、衣装などのビジュアルに執着していた。攻撃的で無敵なバンドのイメージとは裏腹に、影のように彼らにつきまとう奇怪な悲劇のドラマを飾りにして「呪われたバンド」として売り込む手段も、確かにあるにはあった。

東洋のエキゾチックな死の世界観とその魅力は欧米ではウケるかもしれない。しかし私は日本人だからか、その一見スキャンダラスな外面の裏に見え隠れするYOSHIKIの尋常でない生命力に異常な好奇心を掻き立てられていた。「家族の血よりも濃い絆で結ばれた」バンドのメンバーたちとの運命共同体に捧ぐ愛とも仁義ともいえる執念深い信念。これこそが他の日本の、いや欧米のバンドにもない、X JAPAN特有のDNAのようにも感じられ、その生命力こそがストーリーの根源になくてはならないのではと思い始めていた。そしていつかその確信を持てるチャンスが訪れるのを密かに待っていた。

そのチャンスがやってきたのは、監督に付き添ってロサンゼルスのYOSHIKIのスタジオでインタビュー取材をした時だった。監督の質問に彼が答える内容はいつものように、自殺した父親やHIDEの急死、TOSHIのカルト洗脳にまつわる話で、充分に話し慣れた彼の語り口に全くブレはなかった。それはまるで仮面をつけて同じパフォーマンスを繰り返している芸人の極められた技でもあり、壁でもあった。その仮面の裏にあるYOSHIKIの素顔に近づかないことには新しい語りは生まれない。このドキュメンタリーが映さなければならないのは、彼が語りたいストーリーではなく、彼が語りたがらない（または語れない）ドラマであるべきなのだ。インタビュー取材をしていた監督に「代わりに質問してもいいですか？」と断りを入れてから、私はYOSHIKIにこう質問した。「TAIJIさんがバンドを脱退した後、病気に侵されながらホームレス同然で寝泊まりしていた公園でブルースを弾いていたらしいですが、当時の彼の奏でたブルース、聞いてみたいと思ったことはありますか？」。すると、YOSHIKIの仮面が少しだけ崩れた手応えを感じた。

TOSHIやHIDEの事件は、当時の日本では社会現象になって報道されるほどの事件だったので、YOSHIKIも今まで欠かさず触れてきたドラマだが、元メンバーでベーシストのＴＡＩＪＩがバンドを辞めさせられた原因と彼の怪死については、ＹＯＳＨＩＫＩはなぜか頑なに口を閉ざしていたことが気になっていた。話したくない、もしくは話せない理由があるのだろうか？　自発的にＴＡＩＪＩについてネット検索してみると、日本人離れしたルックスでベースの弾き手としてのテクニックもズバ抜けていたＴＡＩＪＩは〝日本国内屈指のベーシスト〟と当時賞賛されるほどのスーパースターだったことが判明。世界のロックスターを目指していた彼はＹＯＳＨＩＫＩと兄弟のように近しい関係で（一時は同居もしていたほど）、時にはライバルとして切磋琢磨する仲だった。それなのに何かを理由に突然バンドをクビにされ、Ｘ ＪＡＰＡＮから姿を消してしまったＴＡＩＪＩ。その後、一文無しとなった彼は身内にも見捨てられ、ホームレス同様に成り下がっても、最後まで唯一肌身離さず持ち歩いていたのが、愛用のアコースティックギターだった。Ｘ ＪＡＰＡＮが日本を制覇して世界進出に挑むのを横目に見ながら、寝泊まりする公園のベンチでギターを弾いて飢えを凌いでいた彼のブルースはどんな響きだったのだろう。Ｘ ＪＡＰＡＮの栄光の裏で闇を抱えていた彼だからこそ、私はＹＯＳＨＩＫＩにＴＡＩＪＩについての質問を投げかけずにはいられなかった。

あのインタビュー以来、YOSHIKIは徐々に心を開いてくれたように思う。実際、TAIJIの墓参りをする提案も受け入れてくれたし、彼のことも公の場で語り始めるようになった。それでも世界のロックスターとなる夢に燃えていたTAIJIとYOSHIKIがなぜ決別の道を選ばなければならなかったのか、その原因はいくら促してもYOSHIKIは最後まで口を閉ざしたままだった。TAIJIがバンドから外された真相は未だに謎に包まれたままだが、必死に「何か」を守り通そうとしているYOSHIKIに、仮面の裏に秘められた彼の本性を垣間見た気がしたのは、私だけではないはずだ。

人には見せられない、語れないミステリーほど、ドラマチックなものはない。

人間誰しも生きていく中で未練が募り、断ち切れない何かを心の中に抱えて生きている。その闇の存在を求めて誰のどの部分に、いつ何のために、どれほど深くメスを入れるべきなのか。「切る哲学」の原点には、眼に見えないものを信じて求める本能が働いている。

アルファ編集VSベータ編集

X監督との意見の食い違い

シンシナティで進行中のX監督の撮影現場に招かれて、例のホテルのレストランシーンを見学する機会があった。当日、アシスタントを二人従えて編集室が設置されたプロダクション・オフィスの駐車場から定期シャトルバスに乗り、ほんの数分ほどの距離にあるダウンタウンの由緒あるホテルへ向かった。

国定歴史建造物にも指定されているこのホテルをニューヨークのウォルドーフ・アストリア・ホテルに見立てて二日越しで撮影する現場で、スクリプト・スーパーバイザー（撮影シーンの様子や内容を記録・管理する責任者）にも会えた。実は彼女から数日前に、俳優Zから「あるメッセージ」を届けられていたのだ。それは先日撮影された別のシーンにおける演出に関するもので、アドリブ式演出で撮影された芝居のテイクの中に一度だけ彼が喋った台詞を「必ず編集で活かしてほしい」という直々の要望であった。実はその台詞、最初の粗編集にはなかったのだが、主演俳優がそれほどまでに拘っている台詞なら使わないわけにはいかない。撮影中に主演俳優から編集者に直接リクエストが入ることは至って稀で、私にとってもこれが初めてのことだった。「役者はアドリブで何気なく口走った台詞でもちゃんと覚えているものなのか」と感心してしまった。

さて、問題のホテルのレストランのシーン。現場ではどんな展開になるのか興味津々に監督のモニターを肩越しに覗き込んでいると、まず最初に驚かされたのは撮影技術。二日連続で毎日一役ずつ交互に演じるZの動作とカメラの動きを一糸乱れずマッチさせるために、特殊技術の最新撮影機材が使われていた。それで撮影すると別の日に撮られたカメラワークを完璧に再現することができるらしい。撮影内容のブロッキング（役者の動作の演出）はというと、ホテルにやってきた主人公の親友がロビーを横切り、ホテルのレストランで待っている主人公のテーブルまで歩いて、腰掛けたところで二人の会話がスタートするというもの。一日目の撮影は主人公を演じるZが、親友役を代理で演じる役者とテーブル越しに芝居をしていた。その素材を二日目に撮影する逆の演技（親友役を演じるZと主人公の代理を務める役者との芝居）のものと編集で繋げて、最終的にはZが演じる二役が会話している場面をＶＦＸ（特殊効果）の技術を借りて生み出すために、大勢の裏方スタッフが奮闘していた。

ハイテクな撮影技術と大掛かりな機材が組まれた現場の緊迫した雰囲気に興奮する一方で、私は親友がテーブルに辿り着くまでの時間がかなり長いことが気になっていた。登場人物が入場または退場する箇所は大概、ストーリーやプロットにとって余分な時間なので編集室でカットされることが多い。「こんな苦労と時間とお金をかけてまで撮るべき素材なのだろうか？」と内心疑問に思っていると、案の定、これが監督と意見が食い違う要因となってしまった。

数日後、このシーンを粗編集したものを監督に見せるや否や、「二人がテーブル越しで会話を始めるまでを一気に見せるためにデザインした俯瞰ショットなのに、会話が始まる前になぜカットするのか」と、現場の苦労が水の泡だと言わんばかりに監督が苦情を訴えた。確かに私の編集は、テーブルまではるばるやってきた親友がテーブルに腰掛けようとする瞬間に、テーブル越しの主人公のリアクションショットへと繋げていた。そうすることで、親友に対して密かに「身構える」主人公の様子を、それとなく観客に察してもらいたかったからだ。

監督が言うように、あれだけの資本と労力を費やして撮影した目的は、二人の登場人物が向き合い、二役を演じる俳優Zが〝共演する〟という実際にはありえない場面の幻覚を創作するためだった。それは私も現場を見学していたので承知のうえだが、現場の状況やスタッフの思い入れに編集を左右されてしまっては堪らない。実際、現場の状況に影響されるのを避けたいがために撮影現場にはあえて足を向けない編集者を私も何人か知っている。編集者はあくまで素材を偏見なく見定めて、ドラマ作りのためにベストな編集をすることに徹するのみ。現場で何が起ころうとそれに感化された編集はできないし、してはならない。ストーリーのためにならない無駄な素材は、容赦なく切り捨てるのが編集なのだ。

繰り返すが、このシーンは主人公と彼の親友が互いに宣戦布告する重要な場面で、いわば二人の決闘シーンである。親友がテーブルに腰掛けて会話が始まる前に、主人公の〝覚悟〟の姿勢を観客に感じてもらうことは、ドラマの緊張感を盛り上げる効果があった。やってきた親友が席に辿り着くまでを延々とワンショット、それも客観的な俯瞰のワイドで見せるよりも、敵である親友が接近してきた気配に反応している主人公の表情をアップで見せることで、観客を彼の主観に感情移入させた方が断然良いはずなのだが、あいにく監督は首を縦には振らなかった。

あれだけ苦労した撮影が終わって日はまだ浅い。それに比べて編集期間はこの先、長い。また日を改めて監督を説得してみるつもりで私は妥協した。とはいえ必ず作品の為になる編集は、そう簡単に諦めない。監督からNOと言われても、また次のチャンスを待って再度アタックする（ある編集者曰く「三回が限度」）。監督も人間なので、気が変わる。実際、数ヶ月後に同じ指摘をしたら、監督があっさりと同意したことだって過去に何度もあった。

監督の精神状態が編集における決定を左右することは日常茶飯事。編集は忍耐と信念でもって、長期戦で構えて臨むに越したことはない。

陽ありきの陰、陰ありきの陽

「これは誰のシーンなのだろう？」と考える時、主人公だけの視点に固執せず、中心人物の背景に存在する人物にも気を配るように私は心がけている。主人公の言語動作に直接影響されるのは準主役や脇役で、主人公が求めるものの障害となって立ち塞ぐのもまた彼らである。ドラマが生む摩擦が誰に最も影響を及ぼしているのかを探ることによって、主人公と脇役の人間関係が見えてくる。脇役がいてこそ主役は映える。まさに陰あってこその陽なのだ。

アメリカでは主張性と行動力のある人間が高く評価されることは第一章で述べた。物事に対して明確なスタンスを持ち、それにちなんだ選択を実行する積極的で行動派の人間が注目される一方で、陽の当たらないところで地道に努力する人間への評価は、日本に比べると決して高いとは言えない。いくら努力しても結果が出せない者に対して、アメリカ人は実にドライである。弱肉強食の社会だからこそ、結果さえ出せるのであれば手段を選ばず突っ走るには希望に満ちた国である。相手を騙し蹴落としてまで這い上がる者は、強者の素質を持っているとみなされるので、誰よりも雄弁な人、行動が派手な人、陽気な人、太陽のように中心的なアルファな人物こそ、ヒーローとなる資格を与えられる。

アルファ派人間の表現には透明性があるから読みやすく、行動も率直で裏がないので理解しやすい。それに対してベータ派人間は何を考えているのか読みにくく、何かと矛盾があって分かりづらい。必ずどこかにクセがある。

私は幼い頃、言葉が通じない環境で育ったせいか、喋っている人物よりもそれを聞いている周りの人々の反応を「読む」ことで話の内容を理解する習性が身についてしまったようで、ごく自然にアルファ派よりもベータ派の人間に関心が向きやすい。アルファ人間の言語行動に反応している影の存在の心理に注目して、彼らの視点を加えることでより複雑で味のあるドラマに仕上げる編集ができると自負しているし、それを得意としている。

私が「アルファ編集」と「ベータ編集」という呼び名で演出技法を表現し始めたのはいつ頃だったか覚えていないが、同じ表現を聞いたことがないので、もしかするとこれは私が発明した専門用語かもしれない。

編集秘法#9

沈黙はドラマ

デラの視線

（TVドラマ番組『ペリー・メイスン』シーズン1／第一話より）

この番組に登場する役者たちのレベルの高さには舌を巻いた。どれをとっても実力派、個性派俳優ばかりである。特に主人公ペリー・メイスンを演じるマシュー・リスは一見地味だが、見れば見るほど味が出る役者で、私はたちまち彼のファンになってしまったほどだが、そんな彼に負けないほど圧倒的に光っていたのが、デラ役を演じるジュリエット・ライランス。彼女の演技力と存在感は圧巻だった。

デラはメイスンの雇い主である弁護士が経営する法律事務所の秘書で、見た目こそ控えめで慎ましい印象だが、それとは裏腹に非凡な知性を持つ型破りで超モダンな女性。実はメイスンを負かすほどの度胸を持つ曲者である。第一話ではあまり出番が無いのだが、誘拐事件で殺された赤ん坊の父親が自宅で警察の取り調べを受けるシーンで、彼女の存在感には目を見張るものがあった。父親の弁護を引き受けたメイスンらと一緒にその場に同席している彼女に、台詞は一言もない。脚本によると「ただその場に付き添って居る」だけなのだが、それでも彼女の演技に私は釘付けになった。優秀な役者は、ただ役になりきって佇んでいるだけで立派な芝居をしてくれる。登場人物の心理と権力関係を全てお見通しの彼女の「眼の演技」に気づかなければ、私はきっとあのシーンの本質を捉えきれていなかっただろう。

根拠のない嫌疑を父親にかけて責め立てる刑事のパワハラに軽蔑と非難の眼を向ける一方で、横暴な警察に無頓着なメイスンに苛立ちを感じながらも、彼の一挙一動を鋭い好奇心の眼で観察するデラ。弱き者への同情と女性という不利な立場に対する不満と憤りを、ジュリエットはその静かな眼差しと所作だけで見事に演じていた。それを見て「このシーンの中心人物は、ひょっとしてデラなのかもしれない」と閃いた。"Whose scene is this?"（誰のシーンなのか？）という問いの答えは、アルファ派の刑事でも主人公のメイスンでもない、ただ無言で座ったままのデラだと確信したほど、彼女の目線が語ってくれたドラマは誰よりもあのシーンを豊かにしてくれていた。そんな彼女の芝居を軸にして「ベータ編集」で仕上げたのが、完成版である。もしこのシーンを白人男性が編集していたら、デラの存在とその視線の価値に気づいてくれただろうか？　万が一気づいたとしても彼女を軸に編集しようとは思わなかったかもしれない。これも私が女性だからこそできた編集だとしたら、編集者の人格と人生経験がいかに編集に影響するかを裏付けていて、感慨深い。

ウエイターに邪魔された時間

（映画『ブラックハット』より）

修正に修正を重ねて、編集が地獄の果てまで続くのではないかと慄いたのが映画『ブラックハット』の中華料理店のシーンだった。私が編集チームに参加した時点ですでに一年以上もかけて何人ものハリウッド屈指の編集者の手で編集されていたにもかかわらず、いまだに監督が満足する仕上がりになっていなかった。

このシーンは主人公と彼を追ってきた敵が紛争を起こすアクションシーンであると同時に、主人公の生い立ちの説明と彼の恋人役となるヒロインの紹介も兼ねながら、二人のロマンスが芽生える根拠を作るという課題を多く抱え過ぎた難解なものだった。

何よりも私が一番気がかりだったのが、ヒロイン役の描写であった。

自分もアジア人だからか、彼女に限らずこの映画に登場する香港俳優全員の芝居を、ハリウッドスターに見劣りしないレベルに仕上げたい、いや、仕上げる責任が自分にあるという使命感を感じていた。ところが、アジア人や役者の演技は「アメリカ人は中国人の喋り方がこんなに下品に聞こえるのか?」と呆れるほど、中国語を派手に喚き散らしてテンションが高いだけの耳障りな芝居になり下がっていた。マイケル・マンが抜擢するほどの香港俳優の演技がこんなお粗末なレベルであるはずがない。私は監督の目を盗んでシーンの素材を片っ端から見直して、彼らの芝居を腕を奮って再編集した。中華料理店のシーンもその一つだった。

まずはヒロイン役の演技の調整。彼女の演じるキャラクターの個性を引き出さないことには、ロマンスも何も始まらない。ただ美人のアジア人女性だからという曖昧な動機で「恋仲になるのは当然」では済まされない。どうも彼女の芝居が白人男性に媚びるように見えるのはなぜか？　そもそもタン・ウェイが演じるリエンは男に媚びるような女性ではない。それなのに彼女の役柄の骨太な性格が魅力的に描かれていないのが、リエンという女性の人格を否定されたようで不愉快だった。

媚びる演技ではなく、逆に「媚びない演技」で主人公の心を射止めることはできないものか？　リエンの持ち前の勝気さと頭の良さを活かした芝居なら素材として充分ある。ならば白人の天才ハッカーに物怖じせず、自分の意見を主張できる女性であるべきだ。そんな意表をつく度胸のある女性だからこそ主人公が彼女に惹かれるという設定で作り直してみよう。白人男性がたじろぐほどの女性を描くには、素材から自然と読み取れる二人の役者の戸惑いと距離感は、逆に利用できるかもしれない。

すると案の定、ぎこちなく感じられた二人の相性が功を奏してくれた。リエンの強さに圧倒された主人公ニックに「隙」ができた編集の演出に監督も希望を持ってくれたようだが、まだ何か物足りない。一度そう感じたら妥協はしないマイケルだ。執拗に改善を要求してきた。こっちのショットを短くしたり、あっちを長くしたり、別のリアクションを被せてみたりと気が遠くなるほどありとあらゆる工夫をしてみたが、なかなか期待に応えられない。途方に暮れていたところ、不意に目に留まったのが、今まで邪魔でしかなかった中国人のウエイターの存在だった。

脚本のページ数で言えば八ページほどもある長い会話のこのシーンの最中、エキストラ役の中国人ウエイター（本職のウエイターだったのかもしれない）が頻繁に水や料理を運んで割り込んで来る度に芝居が中断されるのを胡散臭く思っていたのだ。その間、役者らがそれとなく空気を読み合いながら芝居を再開するタイミングを見計らう様子を見てピンときた。そこには嘘のない戸惑いの空気が流れている。その居心地の悪い間の取り方や仕草が、恥じらいに見えなくもない。今までウエイターが割り込んできたために切り捨てていた数秒間をそっくりそのまま残してダメもとで監督に見せると「君は天才だ！」とマイケルは狂喜した。

ハリウッド業界では編集者を酷使することで悪名高いマイケルの絶賛は、そうやたらと得られるものではない。普段は穏やかで温厚な人なのだが、スイッチが入ると一変して気性が激しく容赦がないので、編集期間中は毎日が恐怖とストレスと時間との闘いだった。頭が良すぎるせいなのかマイクロマネジメントのレベルが狂気の沙汰で、少しでも落ち度があると我々スタッフは罵声を浴びせられた。「もし自分が白人男性の編集者だったらこんな屈辱は受けなかったはず」と悔しい思いを何度噛み締めたか知れない。毎朝、愛車のスクーターでフリーウェイをぶっ飛ばしながら「マイケルのバカヤロー‼」と声を枯らして叫んで鬱憤を晴らす日課が、辛うじて私の正気を保ってくれた。やけくそで辞めてしまおうと思ったこともあったが、それでも辞めなかったのは、マイケルにも、ハリウッドにも、アメリカにも負けたくない意地とプライドがあったからだろう。

辞めなかった理由は、もう一つあった。

それはマイケルの、映画への紛れもない情熱だった。一日の闘いが終わり嵐が去った後のような静けさの中、深夜遅くまで独りで編集中の作品を繰り返し復習している姿や、脚本をひたすら書き続けている姿を、私は何度も見ていた。どんなに辛い言葉を吐かれても、どんなに侮辱されて挫折感を味わっても、彼の根強い努力と映画への執念に敬服せずにはいられなかった。そして作品がより良くなるのなら、時には自分が求めていない変化球を投げられても「面白い！」と素直に認めて受け入れる度量と寛大さも、マイケルにはあった。映画のために自分のエゴを捨てることのできる監督は、この業界には少ない。彼のような監督と出会えたことは幸運だったし、何よりも彼の映画作りを身近で観察し、学び、そして鍛えられてサバイブできたことは、編集者としての誇りと自信に繋がっている。

ハリウッドという、全く無縁の未知の世界に飛び込んで我武者羅に走って、走って、走った末に、気がつくといつの間にかあの巨匠マイケル・マンの映画を編集している自分がいた。そんな映画のような人生を現実にしてくれるのが、ここアメリカなのだ。

映画の音色《ねいろ》

映画『オーメン』で知った音の威力

映画の世界で忘れてはならないのが「音」。時として映像以上の威力を放ってくれる音は、私たち編集者にとってかけがえのない武器である。そんな音のパワーを身をもって体験したのは幼少時代。今でもその衝撃的なエピソードは、脳裏に焼き付いている。

実家が広島市内のど真ん中にあったことから、幼少期は暇さえあれば近所の映画館を渡り歩いていた。当時、たしか徒歩十分圏内に映画館が六、七館はあったと思う（小学校時代から年子の妹と映画館に入り浸っていた記憶があるので、当時の入場規制はかなり緩かったはず）。高校進学まで日本で過ごした間に観た映画は数知れないが、映画の音の威力にダントツに圧倒されたのは、あのオカルトホラー映画の金字塔、『オーメン』だった。鑑賞中、あまりの怖さで逃げ出したくても、満席の劇場のど真ん中に座っていたので身動きがとれない。そんな私が恐怖のあまりにとっさに取った行動が自分でも意外だった。怖いのなら眼を瞑ればいいものの、眼ではなく両手で耳を塞いだのだ。そしてスクリーンに釘付けのまま、ちゃっかり最後まで観続けたという矛盾した衝動を当時は、「せっかくお金を払って観にきたから、観なくては損」という理屈で処理していた。映像ではなく音声をシャットアウトした意味とその重要性に気づくのはずっと後のこと。私が大学で映画を作り始めてからのことである。

とにかくあの映画の音は、恐ろしかった。

『オーメン』のテーマ曲は普段、カトリック教会で歌われる讃美歌の合唱スタイルをアレンジしたジェリー・ゴールドスミス作曲の“Ave Satani”。神を賛美するはずの讃美歌を悪魔に捧げるテーマソングにしてしまう常識の裏をかいた不気味な発想は恐怖を倍増させて、実に見事であった。目を瞑れば簡単にシャットアウトできる視覚と違い、聴覚の刺激に私たちは無防備である。それに見えないだけに、音は想像力を膨らませてくれる。『オーメン』の映画体験は音の凄さを私の脳裏に刻みつけた貴重な体験となり、それは後年、映画編集者として大いに役立っている。

『禁じられた遊び』の“Romance”、『ディア・ハンター』の“Cavatina”、『地獄の黙示録』の“Ride of the Valkyriese”、『スター・ウォーズ』や『ロッキー』、そして『ゴッドファーザー』のテーマ曲や『トップガン』のテーマソング等々……。歴史に残る名作には必ずといっていいほど名曲がつきもので、これは決して偶然ではない。映像と音響。視覚と聴覚。この二つのシナジーがあってこそ、映画体験は完璧になる。映画の「1＋1＝3」のマジックを生むためには、計り知れない音のパワーは無くてはならない表現要素。それは映画が名作となる条件でもあると私は思っている。

観客に感動を与えたい肝心なシーンで、どのような音楽を挿入するかという選択も映画編集者の仕事の領域である。映画のどのシーンのどのタイミングに、どんな音や曲をどうミックスさせて表現するかで、与える感動の質もかなり変化するので、その微妙な調整は匠の技。悲しい場面に明るい曲をあえて挿入することもあれば、緊張感が頂点に達した瞬間にふっと音を消してしまうこともある。ハッピーエンドに哀愁が漂う曲を流すことで、言葉で言い表せない余韻を醸し出すこともある。音楽の好き嫌いは主観的なものだからこそ、編集者自身の音の感性は映像のセンスと共に、作品の総合的な質を定める。

劇場を後にする時、私の脳裏に響き残るのは、映画の声、つまり音楽であることが多い。ドラマの余韻は必ずと言っていいほど、音に宿る。そして魔法のおまじないのように、映画の感動は再び音楽によって蘇るものなのだ。

映画のナレーションとは？

ここで再びX監督の新作のホテルのレストランのシーンに話を戻そう。というのも今度は映像ではなく、音声にちなんだ課題に直面したからである。

ホテルにやってきた主人公の親友が、レストランで待つ主人公のテーブルに着くまでの時間が長すぎることはすでに述べた。「こんなに時間のかかる入場は必要なのか？」と、もともと危惧していた場面である。監督の依頼で再編集した結果、やはり親友がロビーを歩いて着席して会話が開始されるまでの時間が不必要に長すぎる。そこで一つの解決法として「主人公のナレーションをここで入れてみては？」と監督に提案してみた。

すると翌日、早速監督からナレーションの下書きが送られてきたのはいいが、その内容がまた腑に落ちない。「こういう理由で会うことになって、こういうことを話そうと思う」という淡々とした説明調のナレーションだったからだ。これから起きる出来事をシーンが始まる前に解説してしまったのでは観る側の楽しみが台無しである。私が期待していたナレーションと、監督が意図したものとの食い違いはどうしたものか。

そもそもナレーションは何のためにあるのだろう？　映画にとってナレーションは、どのような時に必要とされて、どんな役割を果たすべきものなのか？

俳句との共通点

第1章でも触れたように、映画の脚本は物語を〝見せる〟書き方をすることが基本となっている。そのせいか、ナレーションがやけに目立つ脚本に拒絶反応を起こして警戒する業界人は多い。

ナレーションはもともと小説を原作とした作品や、映像表現が乏しい場合に補助的に使われる解決法だというのが常識で、確かに言葉の説明を伴った映像ほど映画らしくない作品はない。映像の意味を言葉で都合よく説明されてしまっては、映画を視聴覚で解読する喜びも半減してしまう。

しかしそれが視聴覚を刺激するものであれば、話は別である。まさに俳句のように、言葉の隠喩の意味合いを、右脳の「官能」に働きかけて映像のニュアンスが深まるのであれば、ナレーションは言葉ではなく音楽に近いものに化けるかもしれない。言葉に刺激されて、眼と耳で体感した自然界の感動を呼び起こす旋律という点では、俳句は映画と案外似ているかもしれない。

X監督の例のレストランのシーンで私が期待していたナレーションは、言葉によって映し出される主人公の心理風景だった。言い換えれば出来事の解説ではなく、登場人物の「心構え」を表現する旋律。かつては家族よりも強い絆で結ばれていた親友との破局を前にして主人公がその心境を詠む俳句は、ひょっとすると決闘の前に残す辞世の句のようなものかもしれない。

「言霊」と云われるように、言葉にも命が宿るらしい。映画のナレーションに必要な言葉も生き物だとしたら、それが見せてくれる世界観は情報提供を目的とした解説であってはならない。視聴覚を刺激することで例えばチャイコフスキーの楽曲が壮大な雪国の風景を思い起こさせて感動を与えてくれるような言葉の旋律なら、それはもはや歌や音楽としての役目を担っていると言っても過言ではない。

映画の〝トーン〟について

この業界ではよく〝What's the tone of your film?（映画のトーンは何？）〟と聞かれることがある。映画のトーンとは一体何のことを指しているのか？

この質問に具体的かつ満足に答えてくれる監督は、案外少ない。答えてくれたとしても、人それぞれ答え方が違うので支離滅裂である。人によっては実在する写真や絵画、または映画のジャンル（サスペンス、ホラー、コメディなど）を例に語ろうとすれば、抽象的なムードボードや歌や音楽などで表現したり、哲学的な思想や概念で答えようとする監督もいる。

言葉で言い尽くせない映画の音色とは、監督が映画を通じて目指そうとしている、まだ行ったことも見たこともない、未知なる最終目的地に辿り着くために必要な道標のようなものではないだろうか。「こういう場所（もしくは風景）であってほしい」というイメージは、時には色であり、画であり、音楽であり、感触であり、ムードであり、様々な形として監督の想像の中で息づいている。それは映画の呼吸、もしくは体温のようなものかもしれない。

冬休みに入る前に撮影されたX監督の例の山場のシーン。腕を振るって編集して初めて監督に披露したあのシーンに、特に神経を使ったのが音楽だった。なぜなら挿入した音楽に監督がどう反応するかは、自分が映画に抱いているトーンと監督のそれとの波長が合うかどうかが試される瞬間でもあるからである。X監督の反応は期待以上だった。選曲を気に入ってくれただけではなく、「マコの選んだ曲は映画のDNAを摑んでいる」とまで断言してくれた。映画のトーンの解釈が監督と一致することほど、編集者にとって心強いことはない。

通常、撮影中の監督は編集どころか音楽にまで構っている余裕などないのだが、X監督は例外だった。粗編集の過程で音楽の選曲にこれだけ拘る監督も珍しい。「『ゴッドファーザー』の楽曲でもない、スコセッシのギャング物のサントラでもない、観客の期待を良い意味で裏切る独特な音色を探している」と言った彼が求めている音色の何かが、私が選んだ音楽に感じてくれたのは嬉しいことだが、これはあくまで仮音楽。映画のサントラは最終的には監督と作曲家が生み出すものである。過去に完成された作品の音楽を聴かされて「こんなはずではなかった」と戸惑ったケースを何度も経験しているので、ここは監督の本能を信じるしかない。

映画にとって音楽は大概プロットを補佐したり、映像を装飾する妥当な音選びの場合が多いが、ストーリーのテーマやキャラクターの内面を反映する音色の旋律は、強烈な存在感を発揮してくれる。映画音楽もキャラクターと同様に、ドラマと並行して成長する生き物で、最終的には映画のテーマのＤＮＡを受け継いで独立した芸術品となるのが理想かもしれない。

しかしそれほど進化した楽曲を生み出すのは、並大抵なことではない。

映画の音楽探し

どの映画を編集する時も、私は早い段階でやり遂げる作業がある。それは仮音楽の収集である。

脚本から感じ取ったストーリーや登場人物のイメージに合った音楽を、なるべく素材や監督に感化される前に探るため、事前にアシスタントに集めてもらってあった比較対象となる過去の作品のサントラ盤の楽曲を片っ端からサンプリングして「いいな」と感じたものを選別する。そしてそれらを「メジャー」か「マイナー」かに分類した後、曲のイメージ（リズム、温度、感触、雰囲気など）を列記。音楽から得られるイメージや感覚を言葉に落とし込むのは容易くないが、とにかく本能に任せて思いついたままの単語やイメージを書き出してみる。ある曲が特定の登場人物やシーンを連想させる場合は、それも記録する。

「このキャラクターは普段こんな曲を聴いているとしたら、彼がブチ切れたときはこういう音楽が聴こえてきそう」だとか、「このシーンにはこんな音楽が合うはずなのだが、物足りないと思うのはなぜだろう?」とか、「ラストシーンはこの音楽がしっくりきそう。ということは逆算すると冒頭ではこういうトーンの音楽からスタートしたほうがいいかもしれない」とか、模索していくうちにそれぞれのキャラクターやシーンのトーンが具体化されていき、全体を通しての音の体系(アーク)とその特徴、個性が見えてくる。

繰り返すが、音楽のセンスほど主観的なものはない。シーンに挿入した音楽が変われば、感動の程度や種類も変わるので、誤った音楽選びは作品にとって命取りになる場合もある。それほど音楽選びは肝心なのだ。インスピレーションが湧くプレイリストを持ち歩いている監督も多いが、それが必ずしも作品に適しているとは限らない。映画の中で生きてくれる楽曲は、映像と演出の兼ね合いが絶妙でなければならない。「正解」があるわけではない音の世界も、基本編集者の独断と感性に委ねられることが多い。

製作の規模によって音楽に関わるスタッフは多少変わるが、大概作曲家の他に、ミュージック・スーパーバイザー及びミュージック・エディターがいる。前者は映画の中で使う既存の楽曲の提案から著作権に関することまで担当する人で、後者は編集に使われている全ての音楽要素（作曲されたオリジナルサントラから既存の楽曲まで）の編集を編集者の指示のもとに担当。映像の編集が変わるたびに必要な音楽の調整と、作曲家との作業を仲介してくれる。

沈黙も「音」

遠い昔、私がコロンビア大学で哲学を専攻していたころ、音楽哲学の論文を書いたことがあった。テーマは音符と音符の間に生じる「沈黙」について。音の寿命は鳴った瞬間から音が消えていく過程を指すとすれば、音が無くなっていく過程で生じてくる沈黙も音の一環だということを定義したものだったように記憶している。音が生まれて次の音に繋がるまでの間隔、つまり音のネガティブペースも音楽表現に欠かせない要素だとすると、音と音の間の沈黙の存在も「ベータ」。音楽の世界でも、音陰ありきなのだ。

音と音の距離の概念は、剣道の「間」に似ている。

剣道にとって間の取り合いは、剣士たちの勝負を決めてしまうほど重要なもの。それは竹刀と竹刀の先が触れあい、敵との距離を測り合う、いわば生死の境界線を意味している。距離を保ちながら精神的威圧でもって敵の構えが崩れるのを待つこともあれば、あえて間を乱すことで積極的に相手の構えを壊す攻撃に出ることもある。相手の反応次第で攻め方を決めるこの間の取り合いは、お互いを探り合う会話のようなもの。間は距離感とタイミングである以上、リズムであり、リズムである以上、それは呼吸でもある。

剣士を音符に例えるならば、間は音符と音符がぶつかるまでの距離。すなわち音符同士の間隔が、音楽の勝負。要はどこまで音を詰めるか、もしくは引き延ばすか。そしてどの瞬間に踏み込んで攻めるか。音楽体験を豊かにする要因が音と音を結ぶ沈黙の尺だとすると、映画編集において音や音楽が入るタイミングと消えていくタイミング（フェードイン・フェードアウト）及び音が重なるタイミング（クロスオーバー）などは、ドラマのインパクトを決める戦術でもある。

聴覚は観客が最も敏感に反応する五感の一つだからこそ、音声、音響、音楽には特に拘る。時には聞こえるべき音をあえて無くしたり、聞こえるはずのない音を入れてみたり、観客を刺激する音の存在を工夫して映画の呼吸を演出することで、観客の心の隙に攻め込む。

サウンドデザインの魔力

日常生活の中で私たちは聞こえるもの全てを平等に処理しているわけではない。状況に応じて不必要なものは排除して必要な聴覚情報だけを優先的に取り入れている。編集も、視界の中にあるもの全ての音響を観客に聞かせる必要はない。どの音を、どれほどの音量で、どのように聞かせるかを判断して音質や音量を工夫することで、ドラマ体験を豊かにしてくれるのが、サウンドデザインである。

視覚で捉えられないものを感じさせてくれる、音の魔力。特にキャラクターの内面的なものを表現したいとき、サウンドデザインは目覚ましい活躍をしてくれる。時には映像では処理できない問題も音がだいたい解決してくれるので有り難い。

編集秘法 #10

音の見せ方、操り方

時空間を結ぶテーマソング

（TVドラマ『ペリー・メイスン』シーズン1／第二話より）

編集秘法#8で触れた『ペリー・メイスン』の暗室シーンは、メイスンが戦時中の記憶を思い起こさせる環境と動機を作るために考案したものだが、実はあのシーンの決め手となったのはラジオの音響効果だった。

なぜラジオだったのか。その理由はあのシーンの前に起きた場面の「ある情報」に由来していた。

それは子供を誘拐された夜のアリバイをメイスンに尋問されて「あの晩はラジオ番組を聴きながら居眠りしていた」と母親が答えるシーン。その直後にメイスンの暗室シーンで流れているのが、まさに母親が聴いていたというラジオ番組のテーマソングである（ということに気づいた日本の視聴者はどれだけいるだろう）。この音の演出は編集で見出したものである。彼の理性を象徴するあのテーマソングを操ることで、彼の潜在意識の二重の心理を音で表現できるのではないかと仕組んだものだった。

メイスンが思い出したくもない戦争体験の回想の動機を作るためには、現実に起こっている事件と、過去の記憶の謎を何らかの形で、本人の意志に反してでも繋げる必要があった。そこで目を付けたのが、探偵としての彼の意識に尾を引く母親のアリバイの疑問点、つまりラジオ番組のテーマソング。それが次第に「化けて」いく音の演出によって、幼児殺害の犯人を追跡する探偵本能が、過去に彼自身が犯した罪を追及せずにはいられない心理原理を表現してくれた。テーマソングに託した暗示が、黙殺されていたメイスンの過去を蘇生させてくれたのだ。

あのラジオ音楽の音響効果なくして、メイスンのフラッシュバックは語れなかったであろう。それほどあの暗室シーンにとって、音のマジックは勝負を決める切り札だったのだ。

トラウマの叫び声

（TVドラマ『ペリー・メイスン』シーズン1／第二話より）

『ペリー・メイスン』の登場人物の中にアリスという宣教師がいる。実は彼女も暗い過去の持ち主で、彼女の潜在意識に潜むたトラウマは〝虫が鳴くような耳鳴り〟という表現で脚本に書かれていた。その理由はドラマが展開していくうちに判明するのだが、第二話の時点ではそれが何を意味するのか観客にはさっぱり分からない。ましてやそれがアリスの過去の謎を解く鍵だとは誰も気づかないため、〝虫が鳴くような耳鳴り〟は抽象的で無意味な情報として聞き流されるリスクがあった。理解はできなくても後々、種明かしがされていたと観客が気づく楽しみも捨て難いので、この効果音にもう一つの別の音を加えることで、謎解きのヒントを観客の潜在意識に植え付けることに挑戦してみた。メイスンの暗室のシーンで、ラジオのテーマソングが現在と過去を繋ぐリンクになってくれたように、虫が鳴くような奇妙な音響効果は、アリスのトラウマの原点へ導いてくれるように仕掛けた効果音は、〝幼女の声〟だった。

アリスが誘拐殺人事件に関する新聞記事を読んでいるシーンで、殺害された赤ん坊の写真を眺めながら脳裏に響く耳鳴りと共に微かに聞こえる幼女の悲鳴。〝Let me go!（放して！）〟と叫ぶ女の子の正体は一体、誰なのか？　彼女とアリスとの関係は？　謎は謎を呼び、観客はさらにアリスの過去の闇に引き込まれていく……。

些細な工夫によって、語れない出来事や眼に見えない「何か」をそれとなく演出してくれる音の魔力。いつ、どのような音を、どのような目的で聞かせるかで、ドラマにより複雑な味わいを出してくれるだけでなく、観客の「見えないものを見たい」という本能を煽ってくれる。

終わらない戦争

（TVドラマ『ペリー・メイスン』シーズン1／第二話より）

1930年代の新聞記者が使用していたカメラのフラッシュは、マグネシウムの閃光電球だったのをご存知だろうか。当時はシャッターが押される度に、線香花火が点火するような独特な音を放っていたらしい。この番組の全体的なトーンを創り上げていくうえで、私が特に拘ったサウンドデザインがこのカメラのフラッシュの音響効果だった。フラッシュが焚かれる度に実は潜伏させていた「聞こえないけど感じる」音響効果は、何を隠そう迫撃砲の音だった。

なぜ砲撃砲の爆撃音をカメラのフラッシュにオーバーラップさせる必要があったのか？
これにも理由があった。

この作品のメタ・ストーリーは、主人公のメイスンが戦時中のトラウマの後遺症を克服し、戦後の新たな最前線に立ち向かい、正義のために再び闘うことに目覚める成長記である。戦争体験で世の中の矛盾に挫折したメイスンが、戦後の歪んだ近代社会という戦場で向き合う敵は人種差別と階級差別、及び警察の不正と政権の汚職問題、そして人権を踏み躙る非道な報道マスメディア。彼らのカメラが容赦なく向けるシャッターの閃光は、標的となった人間の尊厳を犯す武器に他ならない。私は新聞記者たちが焚くフラッシュの音に戦場の爆撃音を重ねて微かな死の存在を匂わすことで「カメラ＝武器」という関係性を暗示したかった。なぜならそれは物語のメタ・ストーリーの理解になると思ったからである。

私が最終音響ミックスに参加できなかったため、いつの間にかこのサウンドデザインは見落とされてしまっていたのが、残念でならない。

音が奏でるドラマは実に神秘的で、奥ゆかしい。ビジュアルで語るドラマよりも人を感動させる底知れぬパワーがある。音の入り方や終わり方、音と音との絡み合いやその距離感や温度差など、全ての音のバランスは観る人の感情を直撃するので、編集者の音響ミックスには最後まで関わりたいし、関わるべきであろう。ミックスのバランスを少し誤っただけで、意図した感動が減少してしまうことはザラにある。作品全体の音の設計図を把握しているのは、編集者以外にいないのだ。

最後に、音響を担当するポスト・プロダクションの役割分担を簡単に説明しておこう。役者の声を担当するのは"Dialogue Editor"、特殊音響効果を担当するのは"Sound Effects Editor"、音楽を担当するのは"Music Editor"、それに生音の音作りを担当する"Foley Artist"など、各専門技師が分担して、編集者がデザインした音の設計図に沿ってそれぞれの分野のミックスをしてくれる。そしてマイケル・マンのように監督自身が音響ミックスを絶対的に先導する場合もあれば、ジェフリー・フォードのように編集者がミックスを全面的に任されるケースもある。

余談だが、マイケルがエグゼクティブプロデューサーを務めたHBOドキュメンタリー『WITNESS』シリーズを編集した時、彼は監督のミックスの出来を嫌い、「マコが編集でミックスした通りにやり直せ！」と要求したため、監督を差し置いて私が映像のカラーリングと音響ミックス全般のやり直しを任されたことがあった。それほどの信頼を寄せてくれたのは嬉しかったのだが、監督の代役をさせられたことで微妙な立場に立たされてしまった。事もあろうにカラーリングの技師は監督と懇意の間柄。作業がなかなか思うように進まず悪戦苦闘していることを風の便りで聞いたのか、ある日突然マイケルが何の前触れもなくカラーリングのスタジオにやってきて、「マコの言うことは私の指示だと思ってやってくれ」と弁護してくれたおかげで、心置きなく役割を果たせた。あの時のマイケルは、私を（というか作品を）守るために駆けつけてくれた、まさしくヒーローだった。

マイケルの信頼を得られたのは元はと言えば、私の音楽センスだったというのも面白い裏話である。音楽に関しては人一倍拘ることで有名なマイケルだが、私の曲選びを気に入ってくれたことが功を奏して、いつの間にか彼のオフィスに呼ばれては選曲や編集にまつわるあらゆる選択について討議する間柄になっていた。

映画の声である映画音楽。同じ声を聞けているか否かは、監督との信頼関係を築く上で大事なことなのだ。

私のエディターズ・カット

撮影クランクアップ

二ヶ月半続いたX監督の新作映画撮影も終盤を迎えた頃、どうも左手の親指の関節の調子が悪いのが気になっていた。年明けに日本から戻って以来、親指を曲げると激痛が走るのを無視して作業を続けていたのだが、ついに関節が硬直して曲がらないほど悪化してしまった。アシスタントが購入してくれた親指サポーターで固定しても思うように親指が反応しないので、いつものスピードで編集ができない。「この先、編集ができなくなってしまったら……」という恐怖が脳裏をよぎる度に「編集だけが映画作りじゃない！」と強気で振り払うが、やはり編集ができなくなってしまう不安は募る。

私にとって編集ができなくなることは、映画作りの快感が半減してしまうことに等しい。飛行機を操縦できなくなったパイロットが、ビデオゲームでしか飛ぶ喜びを得られないことを想像してみてほしい。それほど波に乗って編集をしている精神状態は、言葉では言い表せない恍惚感に満ちているものなのだ。撮影中の数ヶ月は毎日が新しいドラマとの出会いで、無心に体当たりを続けながら素材と会話をしてきたのだが、それも遂に終わりに近づいているとなると緊張感が萎えて、どことなく寂しい。

アメリカではクランクアップ間近になると"Wrap Gift"という贈り物がスタッフに配られる。定番のギフトは映画のタイトルや番組ロゴが入った野球帽やTシャツまたはジャケット類だが、『ウエストワールド』や『ペリー・メイスン』など大規模の製作になると、かなりリッチな品物になる。前者からはロゴ付きのブランド物のピクニックブランケットや、ショットグラスにサイン付きの豪華限定コレクター版ブルーレイディスクセット(ショーランナーのジョナサンとリサ・ジョイ夫妻から直々に高級ワインもプレゼントされた)。後者からはメイスンが番組で被っている1930年代の、これも番組のロゴ付きフェドラハットとレトロジャケットに高価なステンレススチールのスキットル（ブランデーやウイスキーを入れる携帯用の筒）が贈られた。それぞれの番組の個性に合った洒落たギフトは、関係者だけが貰える特別限定品なので希少価値がある（私はほぼ全て知人や身内へのお土産にしているが）。

たまに主演俳優からギフトが贈られてくることもある。『レンフィールド』で主演を務めたニコラス・ホルトからは、ゴキブリのデザインが入ったユーモア抜群の野球帽、そして『ペリー・メイスン』のエグゼクティブプロデューサーで俳優のロバート・ダウニー・Jr.からは、ロゴ付きの高級トラベルバッグなど、“Wrap Gift”は、スタッフ全員への感謝の気持ちを込めた、気の利いた餞別なのだ。

さてX監督の新作のギフトはというと、名優Zが演じる二役のキャラを白組と黒組に分けたTシャツと、映画のタイトルのロゴ付きの野球帽だった。私は白組のMサイズを選び、それを早速スーツケースに詰めて、ロサンゼルスに戻る日を待ち侘びていた。あいにく編集作業に追われてしまい“Wrap Party”（クランクアップを祝うパーティー）には出席できなかったが、編集部を代表して行ってくれたアシスタントから翌朝、そのパーティーで耳にした情報を聞いて驚いた。なんとプロデューサーの一人が予算オーバーの責任を負わされてクビになったらしいのだ。

実は解雇されたプロデューサー本人とはつい一週間ほど前にこの作品のVFXの予算について話し合っていた。撮影開始前の見通しではVFXの量はごく僅かだったのが、いざ蓋を開けてみるとVFXのショットが予測の倍以上に膨れ上がっただけでなく、見るからにお金のかかりそうなものばかりだったので「こんなにVFXが必要な素材を撮って大丈夫なのか？」と某大手ハリウッドスタジオのポスト・プロダクション担当の重役に懸念のメールを送っていた矢先の出来事だった。

スタジオ側はVFXショットが少ない作品だという前提のもとでVFXエディターを元より雇用していなかったため、想定以上の量のVFXの処理が余分な負担として私のアシスタントにのしかかるのではないかと危惧していた。VFXも編集の一環とはいえ、別の専門分野である。アシスタントが兼業を強いられると、それだけ私の作業にも支障を及ぼすことにもなりかねない。副業の分、アシスタントの給料も上げてもらう交渉もしなければならない。報酬がないとなれば、せめてＶＦＸエディターとしての肩書きを与えることを要求するつもりでいた。

ハリウッドでは、それぞれの専門分野の人間が専門外の作業を任されることに過敏である。お互いの技術と作業領域を尊重してブレがないように対処するのは、製作側に「何とかしてくれ」と専門外の作業を要求されて搾取されないように、裏方同士がお互いの専門職種の価値を守り合いながら共存する、暗黙の了解でもあるのだ。

エディターズ・カットの意義

ハリウッドで映画編集を本格的に始めて以来、私の編集作業のスタイルは変わっていないが、他の編集者に比べて自分のエディターズ・カットが少々型破りなことに気づいたのは、そう昔のことではない。

映画の撮影期間中、毎日のように雪崩れ込む素材を無我夢中で編集しているとき、インスピレーションが閃くことが度々ある。脚本通りにシーンを繋げていても「もしかして……」と別のアイデアが浮かんでくると試してみたいのが職人の性。その結果、私のエディターズ・カットは大概、脚本通りに編集されたものと、私の気まぐれで構成し直したものの二種類のカットが出来上がってしまう。後者はプロット構成やシーンの順序が変わっていたり、シーンが短縮または削除されていたり、台詞の言い回しが調整されていたりと色々である。本能的な発想によるものなので、いちいち分析している暇もない。まずは作ってみないことにはその価値すら判断できないので、とにかく繋げてみるしかない。

脚本とは違う可能性を秘めたエディターズ・カットは、監督にしてみれば文字通りの化け物かもしれない。しかし監督自身が思いつかなかった発想や気づかなかった問題点が見えてくるきっかけにもなるので、参考にはなるはずだ(ならなかったら無視すればいいだけの話である)。エディターズ・カットを二種類も構成するのはそれだけ手間がかかることなので、監督との作業がスタートしていない初期段階で、そこまでする必要はないと思う編集者もいるであろう。むしろそう思う方が理にかなっている。

幸いにも過去にコラボした監督のほとんどは、私の二種類のエディターズ・カットを快く受け入れてくれた。特に『アリーケの詩』や『マッドバウンド』のディー・リース監督は、エディターズ・カットを心底重宝してくれた。しかし監督によっては自主性のある富む編集者を煙たがる人もいる。そういう人に限ってエディターズ・カットを軽視（あるいは無視）しがちのようで、X監督の場合も危うく犠牲になるところを、何とか阻止できた。

アメリカでは、映画監督の権限は絶対的なものである。監督の意思でクリエイティブに関する全ての物事が判断され、決定される。編集に関してもそれは同じことで、監督がノーと言えば、その一言でリセットされる。だからこそ監督に豊富な選択肢を与えることが、映画を生む助産師としての編集者が為すべきことなのだ。でなければ私たちは監督の手先となって機材を動かしているだけの技師、悪く言えば道具に過ぎない。

エディターズ・カットを見たくないという監督の心理は理解に苦しむところだが、不運なことにそのような監督と出くわしたことがある。某監督はことをあろうに元映画編集者。同業者からエディターズ・カットを拒否されたショックは大きかった。他人のカットと向き合わない（または向き合えない）、すなわち編集者と会話ができない監督は自分の実力に自信がないか、よほど他人の影響を恐れているかのどちらかであろう。監督が編集者に怯えて敬遠してしまうようでは、信頼関係は期待できない。

某監督にエディターズ・カットの権利を奪われたことも屈辱だったが、何よりも私にとって致命的だったのは、彼が自分の演出ミスを役者のせいにしたことだった。

役者のミスは演出のミス

「君のエディターズ・カットを見る必要はない」と言わんばかりに、通常あるべきエディターズ・カットを拒否した某監督のハリウッド映画には、ある人気アジア系女優が出演していた。私も好きな役者だったので、彼女の演技を編集するのを楽しみにしていた矢先、某監督から「（アジア系女優が）台詞を覚えてこなかったので、今日撮影したシーンを明日撮り直さなければならない」と愚痴られた。早速、破棄された素材をチェックしてみると案の定、アジア系女優は長いモノローグの場面で悪戦苦闘していた。しかも毎回、同じ台詞の箇所でつまずいている。

このシーンは彼女のキャラクターが本音を明かす、映画の中でもドラマ性の濃い場面だったので、撮り直しも仕方ないだろうと思う反面、なぜいつも同じ台詞でつまずいているのだろうと疑問に思い、台詞をよくよく分析してみると、なるほどその原因が分かってきた。彼女は台詞を覚えられなかったのではなく、役柄の感情と台詞との食い違いにつまずいていたのだ。登場人物の気持ちにそぐわない台詞に拒絶反応を起こしてしまうと感情移入が難しい。問題は役者が台詞を覚えなかったのではなく、脚本にあったのだ。

某監督の他に脚本家やプロデューサーがいる現場でどのような演技指導が行われているのか自分の眼で確かめたかったので、翌日、同じシーンを撮り直ししている現場に出かけてみた。台詞にちょっとした訂正をいれるだけで解決できそうな問題だったため、チャンスがあれば某監督（もしくは脚本家かプロデューサー）にそれとなく提案してみようという魂胆もあった。ところが台詞はあいにく昨日と全く変わらずじまいで、アジア系女優はやはり同じ箇所で手こずっていたが、意地と集中力で問題の台詞を吐き出して乗り切ろうと奮闘していた。映画のヒロインである主演女優でさえ台詞の変更を監督に要望できない現実を目の当たりにして、どこか空恐ろしかった。監督への敬意と遠慮の表れかもしれないが、監督もプロデューサーも脚本家も全て白人男性。そんな環境の中で彼女がたった独りで闘っているのが不憫に思えてならなかった。私はモニターを眺めていたプロデューサーに勇気を振り絞って台詞の問題点を何気なく指摘すると白人男性主人公の動機について意味不明な反論をしてきたので、「埒があかない」と無念にも引き下がるしかなかった。

クランクアップ間近、某監督が珍しく私の編集室に立ち寄った（ちなみに彼は三ヶ月にも及ぶ撮影期間中に編集室を二度しか訪れなかったので、X監督とはえらい違いだ）。そしてやって来るなり「映画をどう思う?」と聞いてきたので、一応差し障りのない肯定的な返事をしたのだが、ついつい例のアジア系女優が奮闘したシーンだけは「ちょっとまだ何か不自然な気がするので、監督と今後一緒に検討してみたい」と言ってしまったのがいけなかった。見る見る顔を紅潮させた彼は慌てふためき、彼女の役柄を軽蔑した口ぶりで自己弁護し始めたので、私の血が騒いでしまった。アジア人女優を庇ってしまったことが、監督の気に障って怒らせてしまった。しかし後悔は一切ない。役者が納得できない台詞を無理矢理言わせたからと言って問題解決できたと勘違いしている監督と作業しても前途多難だったに違いない。あの台詞は断然アジア系女優のキャラクターに言わせてはならない言葉だったという確信はあった。彼女のためにも、そして映画のためにも、あれは絶対に言わせてはならない台詞だった。

私が製作を下りた後、複数の編集者が編集した某監督の作品の完成版には例の台詞は跡形もなく消えていた。私の判断は結局、間違ってはいなかった。

編集者としての権利

編集者が映画演出に欠かせない人材だということを認めたくない人間がいまだに存在するハリウッド。いくら実力社会として自由で平等な競争環境で労働組合が活発な産業でも、白人至上主義の意識で培われた「権力者主導」が根強い社会であることは否定できない。

某監督の製作も私のエディターズ・カットを徹底的に無視した。ポスト・プロダクションの予定表にごく当然にあるはずのエディターズ・カットの期間がないことを疑問に思い、映画編集労働組合（Motion Picture Editors Guild）に問い合わせたところ、エディターズ・カットは基本、監督とプロデューサーの権限のもとで与えられるものなので権利妨害ではないという意外な返事に耳を疑った。某監督の不愉快な対処のおかげで、私はエディターズ・カットというもの自体が法律上、編集者に保証されていない事実を知ってしまったのである。

監督やプロデューサーの独断と偏見でエディターズ・カットがいとも簡単に奪われて良いのか？　いや、良いはずはない。現に全米監督協会でさえ、監督には最低十週間のディレクターズ・カット期間を保証しているではないか。編集者組合が私たちに同等な権利を保証できないはずはない。撮影監督だって撮影スタイルや撮影機材を専門家として選ぶ権利はあり、カメラテストをして、専門作業の段取りをする（「カメラテストをするな」という監督やプロデューサーはいないはず）。衣装担当も衣装デザインのアイデアを提供して出演者に仮縫いをすることが義務付けられている。ヘアメイクだって同じことだ。美術担当も事前にロケハンという、デザインするために欠かせない準備期間が与えられている。編集者にとってその「最低限の準備」がエディターズ・カットなのに、なぜその権利さえも与えられていないのか？

さらに米映画芸術アカデミーの編集支部にも問い合わせて、会員代表責任者の一人である某女性編集者とリモート会議をしたところ、彼女は私に同情してくれる一方で、監督が編集者を蔑む問題は今に始まったことではないこと、そしてそれは編集者全員が長年抱えている課題であることを丁寧に説明してくれた。その会話の流れの中で彼女がさりげなく吐いた言葉が忘れられない。「貴方が白人男性だったら、こんな仕打ちはされなかったでしょうね」。急所を突かれた気がした。内心感じてはいながらも、口にして認めたくはなかったことだった。しかし彼女の指摘は確かに的を射ていた。私が白人男性だったら編集者としての権限をいとも簡単に無視して「使い捨て」のような扱いはされなかったに違いない。

それは逆に、自分は「使い捨てにされても文句が言えない」種類の人間だということを意味していた。

悔しいことに、人種の壁はまだまだ高く厚く、私たちの前に立ち塞がっている。いくら多様性の風潮が色濃くなったハリウッドでも、女性や黄色人種に対する偏見は根強く、それは一夜にして消え去るものではない。そしてマイノリティーである人間が権力を握れば握るほど、その偏見はいびつな形で表面化されていくであろう。「アジア人に正されたくない」アメリカ人はいる。いくら多くのアジア人がハリウッド業界に進出する時代になっても、白人社会が君臨していた映画業界の土俵とその上に確立された権力社会の是正は、そう容易いことではない。

私がエディターズ・カットの権利問題をアジア人軽視の人種問題と重ねたくなかった理由はそこにあった。人種問題の一環として捉えてしまうと、勝つ見込みのない試合に挑むようなものである。白人が主流の社会の進化を求める長期戦よりも、具体的な成果が出せる可能性がまだある映画産業の基準改善を求めて努力するほうが勝算はある。アジア人でしかも女性というダブルのハンディキャップを盾にハリウッドに根強いマジョリティーを敵に回すよりも、編集者としての権利の改善のために映画編集という芸術をインビジブル(invisible)からビジブル(visible)なものに変えて、映画の切り札である映画編集技術への理解の向上をまず勝ち取りたかった。

この本を執筆していた2023年の夏、ハリウッドは全米脚本家組合（Writers Guild of America）のストライキの真っ最中で、映画業界は大騒動の渦中にあった。全米映画俳優組合（Screen Actors Guild）のストライキがそれに続き、ハリウッド産業が事実上ストップしてしまったことで、まさにアメリカ映画業界の未来の基盤が再建されようとしていた。

過去十年ほどで、配信会社によって従来の映画テレビ産業のビジネスモデルと製作及び配給システムが塗り替えられたため、映画作りを支える労働者をこの先どのように保護していくべきなのか、ハリウッドの責務が問われている。その一環として、編集者に限らず映画産業に携わる全ての人間の権利が、今後どのように見直されていくのか注目すべきであろう。

ハリウッドで起きる変革は、きっと日本の映画業界にも波紋を投げかけるに違いない。

映し出す正体

第3章 映画がものの

『パラサイト 半地下の家族』が巻き起こしたハリウッドの変革期

私が編集した映画『マッドバウンド』が、2018年の米アカデミー賞四部門にノミネートされたことで、米アカデミー映画編集支部からアカデミー会員加入の勧誘を受けた。当時のアカデミー賞は、有色人種の役者のノミネートがあまりにも少ないことを批判した“Oscar So White”という人種社会運動の反動で、アカデミー会員が白人主体であることを問題視していたため、有色人種のマイノリティー会員を増やそうと特に意欲的であった。アジア人でしかも女性である私は、ダブルの意味でダイバーシティの条件を満たしていたので、米アカデミーとしては獲得したい人材でもあったようだ。

そして翌年、私が人生で初めて投票した米アカデミー賞の作品賞受賞作品が、あの韓国映画『パラサイト〜半地下の家族』だった。

正統なアジア映画がハリウッド映画と肩を並べて引けを取らない、いや、引けを取らないどころかそれを遥かに超えた作品として栄光に輝いたあの歴史的瞬間を狂喜しなかったアジア人はいなかったであろう。外国語映画、それもアジア映画の前代未聞の快挙は、それまで無敵だと自負していたハリウッドの自信に亀裂を入れた。

作品賞に輝いたあの映画が他の作品よりも評価が高かった要因の一つが、韓国の歪んだ社会的階級制度を風刺した社会派映画であったことは無視できない。娯楽映画としてだけでなく、特権制度を批判するメッセージを秘めた作品に世界中の人が共鳴したのには、当時の社会現象が背景にあったと私は思っている。映画会社ミラマックスの社長ハーヴェイ・ワインスタインのセクハラ告発で巻き起こった〝#Me Too Movement〟が起爆剤となり、ハリウッドに限らず一般社会でも黙認され続けてきた権力主義によるセクハラ・パワハラ問題の弾劾。それは人種は勿論のこと、女性を含めたジェンダーマイノリティーの人権の主張を促進した〝ダイバーシティ化〟を支持する世界的な運動となった。『パラサイト』という外国語映画がハリウッド映画を負かすというどんでん返しは、男尊女卑で閉鎖的なエリート志向の社会の象徴となってしまった米映画業界への抗議の表れでもあったに違いない。

従来のハリウッドの前例を覆した韓国映画の功績のおかげで、アメリカはアジア旋風の渦中にある。実際、大手ハリウッド映画会社によってアジアを題材にした企画開発や、アジア人俳優を起用した作品が率先して企画されている。私も日本をテーマにしたハリウッド作品に何作か関わる機会に恵まれたが、そこで痛感したのは、アジア人の才能と実績が見直される一方で、多様性と包括性の本質的な意義を問わないままにマイノリティー視点が「商品化」されている実情である。

本書の最終章では、この〝パラサイト現象〟によって発生したハリウッドのアジアブームとその波紋に目を向けると同時に、2023年の夏に起きた全米脚本家組合と全米映画俳優組合による労働ストライキで前代未聞の変革期を迎えたハリウッドの現状と今後の行方について、私なりの見解を述べてみたい。

ハリウッド業界の恥

米アカデミー会員になって以来、私は国際長編映画賞部門に出品された海外映画のノミネート作品を選抜する審査委員を務めている。毎年十月頃から年末にかけて約80～90本の世界各国の出品映画を鑑賞するのは相当の時間とコミットが必要なのだが、日頃観ることのできない、それも厳選された優れた外国語映画を好きなだけ鑑賞できる特権に、映画人なら心躍らないはずがない。そんな単純な動機で始めたことだが、海外の映画を観ることで報道メディアから伝わりきれない各国の社会問題の現状を知ることは、貴重な勉強になっている。

ちなみに、1947年に発足された外国語映画賞部門(Best Foreign Language Film)は、2020年に国際長編映画賞部門(Best International Feature Film)と改名された。これも現代のコンプライアンスを意識した対応策の一つで、人種及びジェンダー問題の視点から批判の対象になりそうな言葉遣いを避けようとする配慮である。一時は"Oscar So White"現象で存在そのものの価値と品格を問われて肩身の狭い思いをしたアカデミーだが、いまでは汚名返上のためか、未来の多様性に富んだハリウッドに向けての環境作りを積極的に行っている。

これも『パラサイト 半地下の家族』がアカデミー賞を総なめにしたからだということは言うまでもない。繰り返すが、アメリカ人は野心家で目標達成思考のアルファの存在に感化されやすい。『パラサイト』が外国語映画としてアカデミー賞史上初の作品賞を勝ち取ったという功績があったからこそ、普段、陽の目を見ることのなかったアジア人を始め有色人種のベータ的存在の興行価値に気づき始めたのだ。勝利者にこそ評価と権限が認められるアメリカ社会のあり方は、本質的には変わっていない。

そんなアカデミーは2022年、新しいハリウッドを目指しながらもある許されない失態を犯すことになる。それは毎年恒例のアカデミー賞授賞式の生中継から、次の部門を除外するという発表だった。

短編ドキュメンタリー賞
メイクアップ&ヘアスタイリング賞
美術賞
作曲賞
短編アニメーション賞
短編実写映画賞
音響賞

しかもその理由は、「生中継の放送時間の短縮のため」。年々、生中継放送が長くなりすぎて視聴率が下降気味であることを懸念してか、上記部門の授賞式中継を外した短縮バージョンで視聴者のご機嫌を取ろうとしたことが裏目に出た。「これが映画芸術科学を推奨する組織のアカデミーのすることか！」と激怒したハリウッド業界関係者から厳しいバッシングを受けた。由緒ある米アカデミーからこんな酷い差別と羞恥を受けるとは夢にも思わなかった私も早速アカデミーに抗議のメールを送り、「アカデミー会員であることが恥ずかしい」と非難した。

翌年のアカデミー賞では全部門が元通りに生中継されることで事態は落ち着いたが、米アカデミーの信じられない不始末に「ハリウッドは本当に大丈夫なのだろうか？」と不安に思わずにはいられなかったエピソードだった。

アジア旋風の波紋

『パラサイト』がハリウッドの歴史を覆した翌2021年の米アカデミー賞では、作品賞と監督賞は女性で中国系アメリカ人の監督のクロエ・ジャオ（『ノマドランド』）が獲得。またもや史上初めてのアジア人による受賞の快挙を記録し、助演女優賞はこちらも韓国人女優のユン・ヨジュン（『ミナリ』）が受賞。2022年の作品賞は聴覚障害をテーマにした『コーダ あいのうた』、そして国際長編映画賞は濱口竜介監督の『ドライブ・マイ・カー』が受賞。2023年の作品賞には『エブリシング・エブリウェア・オール・アット・ワンス』が輝き、主演女優賞と助演男優賞はアジア人俳優のミシェル・ヨーとキー・ホイ・クァンが受賞するという、これもアジア人として史上初の快挙を達成した。『パラサイト』によって引き起こされたアジア勢力とマイノリティーの反撃ドラマに世界中が熱狂し、私もミシェル・ヨーの感動的な受賞スピーチに拍手を惜しまない反面、あの年の授賞式をどこか冷めた目で見ている自分に気づいていた。

いかにもパイオニア精神旺盛に「史上初」を演出し続けるハリウッド業界のショーマンシップ。アメリカンドリームをネタにした映画界のギネスブック作りに陶酔して自己満足している米映画産業に興醒めしてしまったのだ。あれだけ歴としたたとしたキャリアを持つミシェル・ヨーでさえ「今頃になってようやく……」という気持ちが無きにしもあらずだったに違いない。いくら『エブリシング・エブリウェア・オール・アット・ワンス』がほぼオールアジア系俳優の出演で、たとえ監督の一人が韓国系で物語もアジア人移民の家族を題材にしたものであっても、あの作品は正真正銘のハリウッド映画である。『パラサイト』の追い風を巧みに利用した彼らの徹底した商業主義精神にどことなく警戒心を抱いたのは私だけだろうか？　興行成績のためなら、コンプライアンスと多様性を逆利用することに躊躇の欠片もないハリウッドのビジネス根性。ダイバーシティという社会的風潮を逆手にとって、それを「アメリカンドリーム」を売る商品としてパッケージしてしまえば、世界中どこでも通用するといまだに信じている。その単純さがアメリカという国の魅力で憎めないところでもあるのだが、一方で「アジアをナメるな」と言いたい衝動も正直、抑えがたい。

マイノリティーの商品化

時代の流れとは不思議なものである。アジア人が体当たりでハリウッドの厚い扉を汗だくで叩いていた頃は、どれだけ白人社会に順応してアメリカナイズできているかが成功への近道だったが、今では逆転してアジア人であることはハリウッドで「売れる」要素と見なされる時代になってきた。その証拠に、最近「私たちはアジアをサポートします」「時代を先駆けています」と言わんばかりにアジア系の採用をやたらと業界紙に広報する映画関係事業者が目につく。昔とは打って変わってアジア系俳優の配役も積極的にされているが、マイノリティーを雇用することで更生できていると本気で思うほどハリウッドが浅はかでないことを祈りたい。映画産業の多様化は、そんな安易な解決策で成し遂げられるものではないからだ。

アメリカ社会に潜在的に根強く巣くっている白人至上主義を矯正するには、生半可な時間と努力では成果は期待できない。"Black Lives Matter"といまだに叫び続けなければならないこの国の不安定な社会実態は、女性が人工妊娠中絶を受ける権利を合法化したロー対ウェイド判決が覆えされたことでも察しがつくであろう。人種差別やジェンダー問題に対して右翼的で偏った概念が蔓延しているのは、疑いのない事実である。

諸手を挙げてアジアに関心を寄せているアメリカの映画産業を、鵜呑みにしてはいけない。油断していると、アジア人が摑んだせっかくのチャンスもハリウッドに奪われてしまうことになりかねない。やっと到来したアジアの出番を、アジア人自身がどれだけコントロールできるかが今後の課題ではないだろうか。アジア文化やその価値観を委ねて安心できるほど、アメリカは異文化に対して寛容かつ繊細で奥ゆかしい国ではない。歴史が浅く若いが故に自信過剰で無頓着な国でもあるのだ（それがアメリカの魅力でもあるのだが）。多様化の方針を導入することを奨励しながらも、彼らは自身の価値観を頑なに守り通すに違いない。忘れてはならないのは、欧州のシステムとは違い、アメリカ映画産業は芸術の一環ではなくあくまで商業。「映画はビジネス」と割り切り、日本の文化と知的財産を商業化したがるハリウッドと今後、映画製作ビジネスを成立させていくには、日本もそれなりの覚悟が必要になるであろう。

日本人としての価値と尊厳をどこまで死守するかが問われる時代になってきている。

日本人の価値

数年前に携わったユニバーサル映画の広報部からインタビューを受けた時、「多様化と包括化が進むハリウッドですが、編集者としてのご自身のキャリアを振り返ってどのように感じていますか?」という質問をされて狼狽《うろた》えたことがある。なぜならこの質問の内容の裏を返せば、「マイノリティーとしての価値が評価されていなかった頃の、差別経験のエピソードを聞かせてください」というもので、その質問の意図が私には理解できなかった。彼らが親身になって私の過去の苦労話に関心を寄せているとは思えない。だとしたらこれはアジア人（それも女性）の編集者を採用したことでいかに彼らがコンプライアンスに適応しているかをアピールするためのものなのか。私の経験をネタにハリウッドを讃える気にはどうもなれない。「カメラを前にして逃げ場がないのをいいことによくぞ聞いてくれた」と、私も負けてはいられない。彼らの無神経で自己本位な質問に笑顔で反撃に出た。

「ただ映画の勉強をしたくて憧れのアメリカにやってきたのは高校生の頃でした。もちろん当時は、自分がアジア人であるというハンデは意識していましたが、とにかく映画が作りたい一心で夢を追いかけていた毎日は正直、自分の肌の色を気にする暇すらありませんでした。実力社会のアメリカだからこそ、自分の仕事の〝質〟で勝負してきたつもりです。ハリウッドで今まで現役としてやってこれたのも、強いていえば映画編集に必要な技術の「言葉」をマスターできたから。今の多様化の時代でアジア人にチャンスが与えられていることは嬉しいことですが、私にとっては後にも先にも実力のみ。自分の仕事のクオリティーこそが成功への道だと信じていました」

差別されたからといって「差別」という言葉さえも安易に口にできなかった時代。前進したければどんなに悔しくても歯を食いしばって体当たりを続けるしかなかった。自分がアジア人女性だということで卑屈になる時間さえも無駄だったし、実際、そんな暇はなかった。ただ与えられた環境の中で技を磨き、経験を積み、人脈を育み、いつか運良く認められるチャンスを素手で摑むしかなかった。今では体当たりしても昔ほどの屈辱や絶望感で挫折することはなくなってきたようだが、次の世代にはまた別の壁が立ちはだかるのだろう。

ハリウッドの不条理と無神経さを指摘するエピソードがもう一つある。それは『TOK

YO VICE』のパイロット版に編集者として採用される時の交渉中の出来事だった。

ある日突然、マイケル・マン監督から電話をもらい、「『TOKYO VICE』をやるから編集してほしい」と頼まれたのは確か2019年の暮れだった。監督とは過去に二度コラボした経験があるので、その依頼を受けた時、「今まで味わった苦労はきっとこの仕事をするためだったのかもしれない」と思えて、即座に承諾した。またマイケルと仕事をするのか、と私の身を案じて心配してくれた同業者もいたが、日本を題材にしたこの作品に関わらない理由はない。それにこの作品は実話による歴史物。私の好むジャンルである。早速、原作の小説と脚本も読ませてもらい、私の意見を添えたスクリプトノートを監督と共有し始めたまでは良かった。問題は雇用契約交渉。製作側がオファーしてきた報酬が、映画編集者組合（MPEG）の最低基準をほんの少し上回っただけの額で、当時の私の週給を大幅に下回っていた。これでは編集者としての私の価値にさえ相当しないばかりか、日本人であることの価値の認識が全く反映されていない。この作品にとって、編集者が日本語が堪能な生粋の日本人で、日本文化の知識も備えている利点は大きいはずである。通訳・翻訳だってできるし、字幕だって作れることは製作側にとってもプラスなはずなのに、報酬にはその付加価値の配慮が全くされていない。私はエージェントに異議を唱えて交渉に当たってもらったが、それでも製作側は渋る一方だった。

ここでマイケルとの関係を優先して、そして今後のキャリアのためにも文句を言わず、引き下がるべきだったのかもしれないが、そのために「日本人としての価値」を自ずから破棄するのは、自分のプライドが許さなかった。それにハリウッドで現役の編集者として身を立てている日本人は極めて少ない。ここで私が相手の理不尽さに折れて前例を作ってしまえば、この先採用されるであろう同胞のマイノリティーの同業者のためにもならないし、何よりも日本人であることを安売りすることだけはしたくなかった。

残された手段はただ一つ。覚悟を決めて抗議するしかない。

私はマイケルに直接手紙を書いて、製作側がオファーしているギャラは私の通常以下なので報酬の見直しを要求。そしてこの作品にとって私が日本人であることの利点も列記した。日本人編集者としてのハリウッドでの希少価値を何らかの理由で製作側が認めないと言い張るのであれば、一緒に仕事をしたいのは山々だがオファーは辞退させてもらう、と申し出た。

抗議をすることで期待していた結果が出る保証はなかったが、抗議しないことには多様化を奨励する一方でマイノリティの人種的、文化的価値を軽視する相手の矛盾を指摘することはできない。最悪の場合は交渉が解消されて採用されないだけだ。負けは負けでも闘う意義は十分にあった。〝NO〟と言える側に立てたことだけでも、既に欲しいものは得られた気がしていた。

アメリカ人と日本人の決定的な違いは遠慮という概念ではないかとつくづく思う。常にアルファであり続けたいアメリカ人にとって、日本人の「身を引く」美徳は、理解し難いようである。そして、東西の決定的な違いはもう一つ。それは欧米人の抵抗の美学である。不当なものに対して正義を求める行為を人権の主張として美化するアメリカ人にとって、怒りの演出は特に拘るところ。抵抗する動機が単純で浅はかな感情的なものであったとしても、それは自己表現の自由、そして人権主張として尊重する国である。

欧米人と交渉する時、要らない遠慮は捨てるべきだ。そうでもしなければ、特にアメリカはいつまで経っても自分たちの理屈と常識を押し付ける。今後、アメリカに限らず他国との共同製作が活発化していく中で、日本人は自らの権利を守るためには遠慮抜きの、太刀打ちの構えを見せてほしい。

ハリウッドが欲しがる日本

現在のアメリカは、政治問題や人種問題、移民問題にジェンダーや女性の人権問題など多岐に亘って秩序が乱れ、対立してやまない右翼と左翼の政治論争は社会をさらに分断し、政府機関を麻痺させている。

政治もスポーツのごとく、勝ち負けが価値判断の基準で娯楽化されているのは日頃の報道を見れば一目瞭然であろう。数年前までは世間体や義理で社会秩序のバランスが保たれていたものが、今や自己の権利の奪い合いの闘争に明け暮れている。政治家や有名人でさえ、少し前までは口にすることさえ憚られていた差別用語を恥もなく喚き散らし、相手を

〝キャンセル〟、つまり否定することで勝利者気取りになっている。誰もがアルファのキャラを演じることで救世主のような振る舞いをする大人気ない人間が増えている現象は、ハリウッド映画のクオリティーにも影響している。

幼稚な社会が映画を退化させるのか、それともハリウッドが作る映画が社会を幼稚にさせているのか知らないが、とにかく現実でも架空の世界でも蔓延しているヒーロー崇拝は、マーベル映画のようなスーパーヒーロー物によって煽られているのは疑いようのない事実。選ばれた者だけに特権が与えられる〝エリート社会への服従〟を推進させることで一種のカルト的な集団心理を生み出している。コンプライアンスと多様化が進む反面、トライバリズム（部族中心主義、同族意識）が反動として出現しつつあるようだ。

そんなアメリカが求め続ける日本やアジアのイメージも、いまだに白人至上主義の思想が拭いきれていない。ただの「知識不足の時代遅れ」で済ませてしまえばそれまでだが、果たしてそうなのだろうか？　異文化をあえてエキゾチックなものとして捉え続けたい欲望の裏にある人間の心理は、アメリカのトライバリズムの意識が根本にあるからではないだろうか。

２０２４年春にグローバル配信されたFXネットワークスの『SHOGUN』は、ジェームズ・クラベルの原作小説をテレビドラマ化した１９８０年のアメリカの番組のリメイク。江戸時代初期に日本に漂着したイギリスの航海士、ウィリアム・アダムスの実話に基づいた作品で、当時はジャパニーズブームを巻き起こしたほどの人気番組だった。ヒロイン役の島田陽子が日本人初のゴールデングローブ賞主演女優賞を受賞したことでも話題になった。原作は日本という異国の文化に初めて触れたイギリス人の人間的成長を描いた大作である。

この作品のコンサルタント・プロデューサーとして私が最も重点を置いた点は、日本人の登場人物がいかに〝日本人らしく〟描写されているかであった。言葉遣いから仕草や立ち振る舞い、そして動機や行動、表現など、全てにおいて日本人が見ても違和感のない脚本になっているかを検証することが、私に課された仕事だった。読まされた脚本は日系の脚本家でも日本語や文化に馴染みのないアメリカ人が書いていたことから、全体にわたってかなり念入りな修正が必要だった。特に気になったのは、やたらと切腹したがる日本人のキャラクターが多かったことである。刀で自害するサムライの印象がよほど強烈でドラマチックに映るのだろう。しかし動機らしい動機もなく安易に自決しまくる日本人ほど滑稽なものはない。「自決の理念とは」という基礎概念から始まり、日本人の正義、忠誠、自己や情けの道理と武士道の哲学、そして宗教的背景の違いから生じる登場人物の心理、動機、行動について議論し、西洋思考の偏見的な解釈による日本文化の描写をことごとく指摘。日本人が観ても恥ずかしくない（欲を言えば納得できる）人間像とドラマを成立させるために、日本人として言うべきことは言わせてもらった。

批判も決して少なくなかったが、相手が聞く耳を持ってくれたのは、幸いにも私が日本人でも、同じハリウッドで正真正銘の現役の編集者だからという同族意識があったことは疑いようのない事実であろう。彼らの世界での実績があったからこそ、私の辛口な批評や言い分を受け入れざるを得なかったに違いない。これもハリウッドというトライバリズムの特権が生んだ偏見だということに気付きながらも、その特権を日本の為に逆に利用させてもらった。日本人が言えない（または言いにくい、言っては不利になる）ことを代弁するのが、今までの苦労で獲得した自分の特権だと割り切った。

東京で行われた『SHOGUN』のプレミアパーティーに出席した時、アメリカの製作側から「マコはよく闘った」とまるでお世辞のように言われたが、日本人として当然のことをしたまでだ。逆にあれが「闘い」だったと思う彼らこそ試合慣れしていない。それだけ批判される側に立たされたことがないハリウッドを何よりも物語っている。

それにしても多額の製作費をかけてこの題材を、いま作る意義はあるのか？　あるとしたらそれは何なのか？　何であるべきなのか？

このリメイクは、オリジナル番組とは違い、日本人の登場人物の視点の語りを売り物にしていた。しかしいくらマイノリティー視点の作品作りが流行りだからといって、日本を知らないアメリカ人が勝手な憶測で原作を脚色するという発想は、少々軽率な気がしないでもない。マジョリティーが一変してマイノリティー体験が何たるかをそう簡単に摑めるはずがない。しかも戦国時代の日本の精神である。いくら原作があるからといって、半世紀も前に西洋人が書いたものが今の時代に通用するだろうか?

以前、FXネットワークスの重役にリメイクの意義を問われた時、「オリジナル番組が作られた1980年では語れなかったことを語るべきだ」と答えたことがある。それは具体的には、白人至上主義による東洋の植民地制度とその裏に潜む人種差別と偏見を意味していた。黒人奴隷制度の歴史のトラウマを未だに抱え続け、"Black Lives Matter"と叫び続けなければならないアメリカ国民にとって、中世の欧米諸国による東洋の植民地化は他人事ではない。有色人種を服従させることで発展を遂げた欧米の白人中心社会の真相を『SHOGUN』のリメイク版を媒介に向き合うことこそ、この作品が作られる意義であるべきだったと、今でも思っている。マイノリティを拘束したマジョリティの懺悔なくして、マイノリティの主観を語る権利はない。自分たちの歴史の負の側面を客観的に受け止めることさえもできずに、他国の歴史をその国民の視点で正統に語れる度量は、今のアメリカにはない。多様化の課題を甘んじる傾向にあるのも、自信過剰で他人や他国に対する謙虚さが足りないからだ。

日本に漂着して間もないイギリス人航海士ジョン・ブラックソーンが大名・吉井虎永の〝ある理不尽な命令〟に抗議するために自決を決意する場面が、今回のリメイク版では原作とは違う設定とタイミングで登場していることに気付いた人はいると思う。自殺はキリスト教徒にとっては許されない罪。しかしその罪深い行為こそがキリスト教徒としての正義を日本人に伝えるために残された唯一の手段だという矛盾に直面するブラックソーン。それでも自分の道理を貫くために無意識のうちに自決を選んでしまうという、実にショッキングで物語のテーマそのものを突いた原作の山場が、私が当初読まされた脚本からは跡形もなく消えていた。この場面は切腹を試みることでブラックソーンが日本人になったことを描いたものではない。むしろその逆である。キリスト教徒としての主張のために与えられた表現の手段が、皮肉にも自己を否定する術しかないことを悟った英国人の魂の葛藤が、彼の本性を浮き彫りにする肝心な場面だった。そして日本人の登場人物（マリコを含めて）が初めてこの異邦人の人格を見抜く瞬間でもあったのだ。この言葉を超えた「会話」がなければ、日本人がブラックソーンに心を許す根拠が無くなってしまうことをいくら説明しても、理解を得ることはできなかった。理性で通じ合うことのできない双方にとって、あの場面はある種の儀式（洗礼）。それほどの意味を持つドラマを守ることができなかった自分の力不足が、今でも心残りである。多様性、包括性のそもそもの意義は、お互いの偏見を克服するためにあると信じて、今後も努力を続けるしかない。

米アカデミーのRAISE

2024年度のアカデミー賞より、作品賞の対象に適用される新しい基準が発表された。題して“Representation and Inclusion Standards”（RAISE）。多様化と包括性を促進するために考案されたもので、映画の出演者やスタッフ、企業、そして製作までコンプライアンスの基準が適用され、それをクリアした作品のみが作品賞へ出品する権利が与えられることになるらしい。

確かに今まで白人男性主体で切り回されてきた産業の風習を変えるには、このようなインセンティブ対策が必要かもしれない。しかしその一方で、このような基準は芸術としての映画の自由を奪い、クリエイティビティを束縛するという懸念の声も上がっている。

「私たちが革命を起こさねば！」とアカデミーが意気込んでいるのは勇ましい限りだが、

つい数年前に編集部門をはじめ、多くの裏方のノミネート部門をアカデミー賞授賞式中継から排除するというスキャンダラスな失態を犯した前例もあるので、また裏目に出る可能性もなくはない。そもそも包括性を奨励することが映画のクオリティーの向上となる保証などどこにもない。包括性とは有色人種の雇用率の割合の改善だけで得られるものではない。新しい基準を義務付けることによって一時的にマイノリティの人材雇用率が上がり、産業的な多様性は活性化するかもしれないが、それは単に表面的で一時的なものに過ぎない。目指すべき目標と真の課題は、多様化によっていかに技術的かつ芸術的な観点からの総合的な社会成長を作品に反映させられるかである。

世界に誇る映画技術を持つハリウッドに身を置く一握りの幸運なＢＩＰＯＣ（Black, Indigenous, and People of Color）のクリエイターたちが今後、目先の個人的な利益のためにハリウッドに身売りせず、同胞の未来のために、組織の内部に巣くう時代遅れの偏見を根こそぎ排除して改革に臨んでくれることを期待したい。

そしてハリウッドに外部から圧力をかけることも忘れてはならない。それをするべき絶好のチャンスが今なのだ。この先の数年こそ、アジア諸国が発言権をもって映画産業の多様化文化の開発に挑める正念場であると私は思っている。

何よりも求めるべきものは、量よりも質。人種やジェンダーを問わず、どの国のどんな境遇の人間であろうが構わずに広い意味で平等に競える環境を整えること。それがきっと映画のクオリティーに繋がるはずである。映画作りへの情熱によって得た実力で「アメリカンドリーム」を摑める場所が、いつの時代でもハリウッドであってほしいと願っている。

日本の芸能界について一言

最近の日本のメディア報道によると、セクシュアル・ハラスメントやパワー・ハラスメント問題が慢性化した日本の芸能界の惨状が表面化しているようである。これは無論、日本に限ったことではない。女性問題やLGBTQの問題、人種差別といった社会秩序のアンバランスは、今ではハリウッドも含めてグローバルな社会問題である。今まで陽の目を見ることのなかった被害者の連帯と団結を可能にしたソーシャルメディアのおかげで、長年抑圧され続けてきた〝インビジブル〟な影の存在が反撃に出た兆候である。

インビジブルと言えば、今の日本に映画の裏方を支持するべき労働組合的な存在がないことも問題視されているようである。これはNetflixなどの外資系企業の日本国内の製作進出によってアメリカ式の製作基準が導入されたことで、いかに日本の従来の裏方の待遇基準が低いかが明るみになった結果でもあるようだ。組合組織のない日本では、米国では明らかに契約違反となるような製作基準と慣習が今だに常識らしい。これではいくら才能や意欲を持った人材でも、精魂込めた作品作りが持続できるはずがない。日本国内の映画労働基準が海外のそれと比較して劣るのは、ハリウッドでは映画業界の組合の活動が目覚ましく、裏方の労働時間や賃金、年金、そして人権など多岐にわたって保障されているだけでなく、欧州ほどではないにしろ、クリエイターとしての権利も数年に一度の割合で雇用主である製作者側との基本条約交渉で更新され続けているからである。

今後の日本における映画のクオリティーの向上は、裏方技師たちの権利と尊厳を改める法律なしでは考えられないであろう。作り手を支持する労働環境改善があってこそ、日本独特の芸術表現を活かした映画作りが可能になり、それができてこそグローバルな場で対等に競い合える作品も誕生するはずである。日本の著名な映画監督たちや映画関係者がフランス政府機関のCNC（Centre national du cinema et del'image aninee）に倣い、政府（及び民間）レベルの映画製作労働機関を発足するために活動し始めているらしい。今後日本の映画産業の労働基準が改善されていかないことには、日本の映画産業の未来は暗い。

ハリウッドを脅かした労働ストライキ

2023年の夏、ハリウッドが前代未聞の危機に立たされた。

同年5月に映画編集者組合のメンバーの会議が行われ、大手のハリウッド製作会社側の組織である全米映画テレビ製作者協会（Alliance of Motion Picture and Television Producers、AMPTP）と全米脚本家組合との交渉の打ち切りによって決行されたストライキに続き、全米監督組合と全米映画俳優組合が同時ストを起こす可能性について、意見交換する場が持たれた。全国で九千人以上のメンバーを擁する映画編集者組合は、国際舞台演劇映画組合（International Alliance of Theatrical Stage Employees、IATSE）の中でも最多のメンバーで結成された組合である。ＡＭＰＴＰとの協定基本条約の交渉を２０２４年度に控えていることから、脚本家と映画俳優組合のストライキの経緯は関心を集めていた。

Netflix, Amazon, Apple などの配信会社の登場で、従来の映画やテレビ業界のビジネスモデルに大きな変化をもたらしたことはご存知の通りである。長年、存在していたテレビ放映や劇場公開、ＤＶＤレンタル販売などという定番の配給モデルが、グローバルな配信ストリーミングという真新しいデジタル配給の普及によって覆され、出演者や裏方に支払う報酬基準も変わり、配信事業の不透明性が今回のストライキの背景にある。ＩＡＴＳＥ側は業界の新世代のビジネス形態に対応した印税供給法の改善と、人工知能（ＡＩ）によって脅かされるであろうクリエイターの職務の保証と権利を求める協定改善を強制。近い将来、映画製作がＡＩを起用することによって発生するであろう雇用率の低下及び失業を阻止するための事前対策である。

一方、ストライキによって、業界のプロデューサーたちが人工知能の最新アプリを率先し試行する現象が裏で起きているのも皮肉な話ではある（脚本を人工知能に書かせるアプリや、俳優なしでも彼らの声を自由自在に扱ってアフレコができる技術はすでに普及済み)。どう考えても映画作りに人工知能技術の利用は避けられないのが現状だが、その活用範囲と著作権問題で製作者側と脚本家及び俳優側との意見の食い違いが日々鮮明になった。脚本家は今後の執筆活動において、人工知能の利用自体に異存はないが、それはあくまで脚本家自身が個人の執筆活動を「補助」するものに限定。人工知能に著作権はないことを保証する彼らの要求に対して、俳優側は自分たちの容姿や声帯を含む演技を本人の承諾なしで人工知能によって無制限に復元されて応用化されていくことを拒否する権利、または合意した場合の報酬を義務付けることを要求した。

この先、人工知能の目覚ましい技術開発が脚本家や役者に限らず、映画を作る裏方のクリエイターたちの専門分野にどのような影響を及ぼしていくのだろうか。ハリウッドでは今まさに「人間が創造する権利とその能力の価値」を守るために、壮絶なドラマが演じられている。

大袈裟なようだが、この業界が人工知能を今後どのように包括させていくかが、人類の進化の行方を決めるであろうとさえ業界では囁かれている。なぜなら人間と人工知能の未来の共存社会のプロトタイプが、いち早く導入されるであろうと予測されているのが映画産業だからである。私たちの想像力と創造する能力が人工知能と道徳的及び法律的にどのようにな均衡を保つことができるかが試されるのが、映画作りの世界なのだ。人工知能テクノロジーの何を「常識化」するかで、将来の社会の方向性が決まる時代がやってくるとは夢にも思わなかった。今日の映画産業に課された社会的責務の重大性に背筋を正される思いである。

人工知能に創れない映画とは

「人工知能にできないこととは何か」を考えることは、すなわち人間に可能なごく当たり前の思想や行為の意義について改めて認識することでもある。ロボット的な技術だけでは映画編集というマジックは生まれないことを綴ってきた本書にとって、人工知能の問題は他人事ではない。

人工知能が合理的なものの考え方しかできないと言われているのは、膨大なデータの確率の範囲内の計算しかできず、未だ存在しない根源的なものを想像して創り出すことができないとされているからで、従って「1＋1＝3」は、あり得ない（はず）。だから映画のマジックは生まれない。そう思いたいが、それは単なる思い込みなのか？

人工知能にとって、「1＋1＝3」というあり得ない計算を可能にできる人間の知能は異質なものに違いない。あり得ないことでもいとも簡単にやってのける人間は、ＡＩにとっては矛盾だらけの不条理な生き物でしかない。

しかしそれが人間であることのアドバンテージだということを、ＡＩが知ってしまえばどうなるのか？

映画の脚本を人工知能が人間並みに書けるようになるのはもはや時間の問題と言われているが、それが感動作になるかは知る由もない。人工知能が人間の計り知れない想像力と人間の心理を分析、解読するのは生易しいことではない。ＡＩの思考回路の構造に突然変異が起きない限り、恐らくあり得ないことかもしれないが、だからといって人工知能そのものがいつかの日か〝化けない〟保証もない。

人間が創るものと人工知能のそれとの本質的な違いは、intention（意志、意図）。

本書でも度々触れてきたストーリーの「裏」のストーリーであるメタ・ストーリー。ある物語を共有することで実際に語りたい別のもの、すなわち「何かを伝えたい」と願う気持ちと動機は、時には名も無い未知なるものであり、答えのない探求であり、夢であり、希望であり、祈りでもある。見たことのないものを見てみたい、感じたい、語りたい、伝えたい、共有したいと思える本能。願いを込めた意識が生まれるからこそ、創作したものに命が宿るものなら、たとえ勝算がなくても、無駄に終わっても、痛みや犠牲を払う結果になっても誰かに伝えたい、通じ合いたい、残したいという意志は、人間だからこそのもの。万が一、将来、似たような本能が人工知能に宿るとすれば、その時点でもうそれは人工的なものではなくなってしまったことを意味するだろう。

人間の持ち前の知的本能が可能にする映画編集によって創られる映画に命が宿れば、それはもはや別の生き物となることと同じように、人間も日々ＡＩと向き合ってそれを使いこなしていく中で、それは育っていく生き物なのかもしれない。だとすると Singularity（人工知能の意識が変異して〝覚醒〟する瞬間）は、今まさに人類が生きているドラマのクライマックスだ。人工知能が進化して未知なるものへの意識が芽生えるのは、単に時間の問題なのか？　そんな日が果たしてやってくるのだろうか？　そんな化け物を産み落とすことで、私たちは一体どんなストーリーを語ろうとしているのか？

ありえないストーリーを想像する能力こそが、今、私たちに求められている。

"It's not the destination, it's the journey" という諺がある。人生において大事なのは最終目的ではなく、そこに辿り着くまでの道のり、つまり答えよりも探し求める喜びと快感。結末のない物語だからこそ、それは様々な形に化けて語り続けられていくもの。終わりがないからこそ、探し求め続けられる旅が続くのだ。不完全なものを完全燃焼させる美学は、ＡＩに分かるはずがないと決めつけるのは、人間の奢りに過ぎず、白人至上主義ないし人間至上主義なのかもしれない。

人類の進化のドラマも、まさに進行形なのだ。

社会派映画の無い社会

日頃、アメリカの報道を聞いていると、この国が先進国でありながら、なぜこれほどまでに自己中心的で世界情勢に無頓着な社会でいられるのか疑問に思えてならない。大国であるがゆえに他国の政治情勢に関心を向けなくてはならないと思うのだが、国民の教育レベルが比較的低いせいなのか、それとも平和ボケしているだけなのか、自国以外の政治には全くと言っていいほど関心を示さない。海外目線から自分達を客観的に捉えることができないという未熟さが、逆にこの若い国の活力になっているのかもしれないが、その幼稚さが国家の精神年齢を年々後退させているようで、先が案じられてならない。

あいにくそれはハリウッド映画にも反映されてしまっているようだ。

バットマンやスーパーマン、スパイダーマン、アイアンマン、ワンダーウーマンなど、ありとあらゆるスーパーヒーロー物の映画化を連発するハリウッド産業。最近ではコンプライアンスを意識してか、従来白人男性に独占されていた英雄キャラクターの性別や人種を多様化してバリエーションを効かせているが、根本的にはワンパターン。かつて私も羨望の眼差しで見ていた『スター・ウォーズ』も、スピンオフの商業化が進みすぎて、もう何が何だか分からない。スーパーヒーローが人類を、世界を、地球を、宇宙を救うというありきたりの筋書きに観客が飽きるのも時間の問題であってほしい。

ニューヨーク・タイムズ紙の著名な映画評論家A・O・スコット氏の引退が報じられたのはつい最近のことである。彼の映画評論に長年読み親しんできた私は、その突然の引退宣言にショックを受けた。さらに衝撃的だったのは、引退を決意したそもそもの原因であった。

スコット氏が映画評論家として活動を始めた1990年代後半は、サンダンス映画祭が次々と意欲あるアメリカのインディペンデント映画を市場に送り込んでいた全盛期である。スティーヴン・ソダーバーグ、クエンティン・タランティーノ、ポール・トーマス・アンダーソン、デヴィッド・O・ラッセル、トッド・ヘインズなど、個性的な社会派娯楽系の若い世代のインディー映画監督がハリウッドに乗り出していった時代から今に至る映画界の変貌を目の当たりにしてきた彼は、映画評論という仕事について次のように語っている。

「ニューヨーク・タイムズ紙で働き始めた2000年頃、映画評論家としての僕の使命は映画と大衆を結びつけること。読者の興味の対象外の映画でも関心を持ってもらえるような作品の解説をすることだった。僕にとって映画体験はある種の賭け事のようなものだった。慣れ親しんだ安全な領域から足を踏み出し、未知なるものと出会い、刺激されることで、今まで気づかなかった社会の姿を映画の世界で見ることができた」

映画評論とは、見知らぬ世界への冒険の旅へ観客を導く道案内のようなものだというスコット氏。確かに当時は型破りで、反権力社会派的なインディペンデント映画の勢いが凄かった（私も感化された〝Dogme-95〟は定番の映画製作法をことごとく拒否。照明機材を一切使わず、しかも消費者用の初代デジタルカメラで映画製作を試みた）。現在の映画の風潮を、スコット氏は次のように表現している。

「ハリウッド映画が創るスーパーヒーロー物のジャンルの世界の根底には、明らかに過激な反民主主義的かつ権威主義的傾向が見られる。だからあのジャンルのファンは、自分たちの映画を批判されると激怒する。ジャンルそのものに絶対的に服従しているからだ。彼らの好きなものを嫌う人間を〝hater〟おと貶し、容赦なく憎悪を露わにする。彼らの映画を批判しようものなら理不尽に抵抗。自分たちの映画を客観的に判断する理性が失われてしまっている彼らの排外的な態度が実社会に反映され、肯定化されつつある兆候が不吉に思えてならない」

そしてハリウッド産業についても、彼は警告する。

「ハリウッド映画界をコントロールする会社には要注意。彼らを信用してはならない。本当の意味で民主主義的な精神に溢れる大志を持った映画は、業界企業の支配を潜り抜けて作られたもの。この先もそんな映画が作り続けられていくことを期待したい。(中略)僕は映画を愛しているし、映画を信じているからこれからも観続ける一方で、映画界の未来が気掛かりでならない。同志の映画評論家たちの将来も心配だ。そして

「心から愛する映画という芸術表現の行方が、案じられてならない」

映画を創る側として認めたくなかったことを、的確に暴いてくれたスコット氏。それが彼を引退させる動機となっていたことが悔やまれてならない。

現在のアメリカ社会の右派と左派の世論には、分裂してしまった両極を繋ぐ「語り」がない。建設的な討論をする能力が失われ、対立し合うことでしか互いを肯定できない悪循環に陥っている。同じ「自由、人権、平等」をスローガンにしながらも、右派も左派も双方の自由と権利を天秤にかけて、相手を負かすことでしか自己の価値を肯定できないでいる。だから物事の原理の辻褄が合わないし、全てが矛盾してしまうため、解決法も見出せない。右翼と左翼の視点を包括した国家レベルでの理想のアイデンティティーの形が欠如しているため、対立するしかバランスが保てないでいる。

それは映画用語で喩えると、プロットとストーリーを包み込むメタ・ストーリーが欠如しているということではないだろうか？

両方を繋ぎ、「1＋1＝3」に昇華させるストーリーが無い。それは排他的な悪質で歪な共依存を意味する。お互いをキャンセルし合うことしかできない状態に陥ってしまうと、これはもう非常事態である。〝民主主義の崩壊〟と口癖のように言われているのは、誇張ではないのだ。手遅れにならないうちに、合意できるメタ・ストーリーを語り始めなければ、アメリカは国家が向かうべき道を見失い、自滅する以外リセットできなくなるかもしれない。

「映画を客観的に判断する理性が失われてしまった」社会という表現でスコット氏が言わんとすることはすなわち、社会の鏡である〝映画と正当に向き合うことのできなくなった社会の退廃〟である。社会を風刺できない（もしくはあえてしない）映画しか作ることが許されない世の中からは、人の心を繋ぐことのできる映画は生まれない。単なる娯楽としてではなく、人間と社会の関係性を反映する映画を作る社会であり続けなければならないことを、スコット氏は引退を前にして私たちに訴えている。

全ての人間を楽しませる娯楽映画はもちろんあって然るべきだが、観客の期待に沿って欲望を満たすだけのものなら、それは消耗品でしかない。私たちの社会の負の側面を指摘する賛否両論ありきの社会派映画も、私たちの暮らしになくてはならないもの。映画市場から社会を映す映画が消えてしまうことの意味を、真剣に考えてみなければならないのではないだろうか。

映画は人間社会の「鏡」

人間社会のとある形を反映する映画が社会の鏡なら、邦画は現代の日本社会の何を浮き彫りにしてくれるのだろう。映画を通じて、日本社会の何を観客に訴えてくれるだろうか。私が知らなかった日本の何を映し出してくれるのか。

ハリウッドのアジア旋風のおかげで、アジア諸国は尋常ではない資本と意欲を映画、配信製作に注ぎつつある。韓国、中国、台湾、タイ、ベトナムなどの東南アジア諸国の実写映画のクオリティーの向上は実に目覚ましい。貪欲にハリウッドの映画技術を導入して、自国の芸能人や裏方技師の海外輸出を図るチャンスを狙い、いつまでも扉を開けたまま気長に待つはずのないハリウッドの関心を摑もうと、アジア諸国は率先して競い合っていくであろう。

日本は日本で、今後どのようにハリウッドと向き合い、グローバルな映画市場でどのような位置付けを目指しているのだろうか。

日本の古き良き〝黄金時代〟の巨匠監督の名作の数々を生んだ国から、次の世代の黒澤明の誕生を待ちかねている世界のシネフィルたちがいる一方で、グローバル配信によって爆発的に増えてきたアニメや漫画のＩＰ作品の若い熱血ファンたちの存在。両極端な根強いファンベースを抱える日本の映画界はこの先、対照的なニーズにどのように応えていくのだろうか。日本は独自のやり方で芸術性と興行性を融合させる手段を見つけるのだろうが、どうも今日の邦画実写映画製作はアニメや漫画、小説という既存作品の二次的扱いが目につい てならない。

映画産業を派生的なものとしてしか成立させられない現状を、どう理解すべきなのか。漫画や小説の原作がないオリジナル作品は「需要がない」と決めつけるのは、需要を作る能力と意欲がもはや製作側に失われてしまっていることを何よりも暴露しているように思えてならない。そもそも新しいデマンドを生む製品を開発してプロデュースするのが製作者の奥義ではないのか。

新しいチャレンジにはリスクはつきものであることは言うまでもない。リスクを避けながらの映画作りの結果が原作ものに寄生する映画産業なのだろうが、製作者側の度胸と覚悟が足りないが為に、映画作家の独創性が犠牲になり続けるのは日本の映画界の為にもならないはずである。

既に興行成績を収めた既存の作品でないと製作する意義を見出せない映画産業は、確実に映画特有の作家性を殺していく。IP（Intellectual Property）こそが国家の財産であり続ける日本にとって、それは邦画産業の自滅を意味することに等しいのではないだろうか。

漫画や小説の映画化に依存しすぎる傾向から脱却するには、まず映画の個性と特異性を見直すことから始めなければならない。オリジナル作品に対する偏見と懐疑心を改めて「映画でしか語れない」映画作家の原案に託した創造の世界を信じる能力を養ってほしい。そして編集者と監督のように、製作者もクリエイターと二人三脚で見えない作品を信じて走ってほしい。

作り手の想像力を信じて、観客の洞察力を信じて、映画に託すメッセージを信じて、映画作りに賭けてみようではないか。その先には、見たことのない素晴らしい化け物の誕生が待ち構えているかもしれない。

ちなみに2025年は、戦後80周年。第二次世界大戦を生きて記憶している世代の人間との接触が持てるのも、残すところあとわずかとなってきた。そんな中、戦時中の満州と戦後の広島を生きたとある医師を主人公にした私の長編映画企画は、大手の配信会社から、「エンタメ作品ではない」という理由で断られた。娯楽作品として市場に売り出さなければ儲けにならないという理屈は理解できなくはない。しかし戦後80周年という大事な世代交代の節目に、親や祖父たちの戦後の記録を映画に託すものが娯楽でなければ作れないという気骨の無さが、同じ日本人として情けなかった。

人間の普遍的な課題に迫り、社会を反映する映画こそが、世界の土俵で勝負できると信じないことには、日本から『パラサイト』のようなハリウッドに勝る映画は生まれないであろう。

ゴジラが死なない理由

戦後に誕生した『ゴジラ』が世界に及ぼした影響は計り知れない。初期作を改めて観てみると、その粗削りともいえる手作り感は今では微笑ましい程だが、当時の特撮映画の技術基準としては圧巻な出来栄えである。想像力豊かに工夫を重ねた職人技がダイナミックなスケール感を醸し出したあの作品のパワーは、技術的なものに由来しているだけではない。第二次世界大戦後の廃墟から立ち上がった日本のアニメが世界を制覇したことの背景には、日本人としての大胆な「構え」があった。

アメリカのキングコングに匹敵する日本発のモンスターを誕生させて応戦するにあたり、日本の土俗的で神懸かり的な宗教概念の「和の世界観」を堂々と取り入れて、それを見事に投影してくれたことが結果的に世界の観客を魅了した一つの要因だったと、私は理解している。

そしてもう一つの魅力は、作品のメタ・ストーリーに秘められた社会的メッセージである。観る人は誰しも、この映画が娯楽映画のフリをしながらも、実は社会派映画だということを察知したはず。日本が輸出した奇怪なモンスターが、唯一の原爆被爆国が訴える反核への抗議の念を象徴してくれたからこそ、世界はゴジラの叫びに耳を傾けたのだ。戦後の日本国民の言葉や理屈を超えた感情を、ゴジラという放射能によって突然変異させられた「孤独な化け物」の怒りと悲しみに託したのは、紛れもなく作家の意図である。ひょっとしてゴジラは、原爆という化け物を誕生させてしまった人類、もしくは神の化身だったのかもしれない。放射能でさえ殺すことのできなかったゴジラに慄きながらも、その尊く偉大な生命力を崇めずにはいられない。だからこそあの怪物の悲劇的な運命に、観る人は心を打たれたのではないだろうか。『ゴジラ』は原爆によって傷ついた日本が生んだ純粋な社会派映画であり、それは日本人にしか作れなかった、いや、日本人が作ったからこそ命が宿った映画だった。

映画に命を宿せば、きっと「何か」が動きだす。

古代の人間が焚き火を囲んで恐怖を凌いだように、いつの時代でも映写機の光は暗闇の中で、私たちの不安や恐怖を燃やしてくれる希望であってほしい。そんな希望が持てる映画を作り続けたい。いや、作らねばならない。

おわりに

2024年5月15日。昨年の脚本家や俳優組合のストライキに続き、IATSE（国際舞台演劇映画組合）とAMPTP（映画製作者協会）との間で基本条約の更改交渉が進行中のハリウッドを後に、私は二度目のカンヌ国際映画祭に向かっている。

一度目のカンヌはロスに移り住んで間もない頃だった。まだ本格的に編集業に携わっていなかったので暇だったことをいいことに、好奇心に駆られてフランスへ渡り、右も左も分からないままに自分の映画企画を売り込むためにひたすら歩いた記憶がある。その後、ハリウッドで編集キャリアが軌道に乗り、気がつけばマイケル・マンと一緒に映画を作り、いつの間にか自分が編集した映画がオスカーにノミネートされていた。そして今、カンヌの港を見下ろすシックな高級ホテルの屋上の米アカデミー会員限定のカクテル・パーティーで、グラスを傾けている自分がいる。

変わらないのは前回と同じく、自分の映画企画を携えてやってきたことだ。

今回、某フランスの映画製作会社とのミーティングが実現したのは十二年前のカンヌで知り合った映画業界の人のお陰というのも、思えば不思議な話である。彼らのオフィスのベランダからは、カンヌ国際映画祭の晴れ舞台とも言えるリュミエール劇場の全景が一望できた。真っ青な晴天の空に、劇場の建物を一面に覆う今年のカンヌ国際映画祭の公式ポスターも大きく、そして青かった。

それは長崎の原爆の歴史を背景に綴る三世代の人間ドラマをテーマにした黒澤明監督の『八月の狂詩曲』の一コマ。三世代の家族がベンチに座り、遠い景色を眺めている後ろ姿を見ながら、今は無き広島の映画館に座って映画を観ていた自分を思い出していた。

するとどこからともなく一羽の鳩が舞い降りてきてベランダに留まると、暫くの間、私たちの会話をじっと伺っていた。飛び立つ気配はない。「きっとこの映画を作れと言っているんだね」と言ったフランス人のプロデューサーの言葉が、耳に響いた。

そして私は、まだ見ぬ映画を彼に語り始めた。

結果がどうであれ、目的地がどこであれ、今、見るべき景色を見る場所に私はいる。戻ってきたカンヌが、今年であって良かったのだ。ここに導いてくれた全てのものに、感謝したい気持ちで胸が熱くなった。

It's the journey, not the destination……

映画はもう明日に向かって、走っている。

２０２４年５月

上綱麻子

Special Thanks
(in alphabetical order)

Miho Hattori

Tsuyoshi Imai

Chikako Kamitsuna

Kumiko Kanno

Hitomi Kato

Kyosuke Tsukiji

映画《えいが》の切《き》り札《ふだ》 ハリウッド映画《えいが》編集《へんしゅう》の流儀《りゅうぎ》

二〇二四年 七 月二二日 第一刷発行

著者 上綱《かみつな》麻《ま》子《こ》

発行者 太田《おおた》克史《かつし》

編集担当 築地《つきじ》教介《きょうすけ》

発行所 株式会社星海社
〒一一二-〇〇一三
東京都文京区音羽一-一七-一四 音羽YKビル四階
電話 〇三-六九〇二-一七三〇
FAX 〇三-六九〇二-一七三一
https://www.seikaisha.co.jp

発売元 株式会社講談社
〒一一二-八〇〇一
東京都文京区音羽二-一二-二一
(販売) 〇三-五三九五-五八一七
(業務) 〇三-五三九五-三六一五

印刷所 TOPPAN株式会社

製本所 株式会社国宝社

アートディレクター 吉岡《よしおか》秀典《ひでのり》(セプテンバーカウボーイ)

デザイナー 及川《おいかわ》まどか(セプテンバーカウボーイ)

フォントディレクター 紺野《こんの》慎一《しんいち》

校閲 鷗来堂《おうらいどう》

ISBN978-4-06-536475-8

Printed in Japan

305

SEIKAISHA SHINSHO

次世代による次世代のための

武器としての教養

星海社新書

星海社新書は、困難な時代にあっても前向きに自分の人生を切り開いていこうとする次世代の人間に向けて、ここに創刊いたします。本の力を思いきり信じて、みなさんと一緒に新しい時代の新しい価値観を創っていきたい。若い力で、世界を変えていきたいのです。

本には、その力があります。読者であるあなたが、そこから何かを読み取り、それを自らの血肉にすることができれば、一冊の本の存在によって、あなたの人生は一瞬にして変わってしまうでしょう。思考が変われば行動が変わり、行動が変われば生き方が変わります。著者をはじめ、本作りに関わる多くの人の想いがそのまま形となった、文化的遺伝子としての本には、大げさではなく、それだけの力が宿っていると思うのです。

沈下していく地盤の上で、他のみんなと一緒に身動きが取れないまま、大きな穴へと落ちていくのか？　それとも、重力に逆らって立ち上がり、前を向いて最前線で戦っていくことを選ぶのか？

星海社新書の目的は、戦うことを選んだ次世代の仲間たちに「武器としての教養」をくばることです。知的好奇心を満たすだけでなく、自らの力で未来を切り開いていくための〝武器〟としても使える知のかたちを、シリーズとしてまとめていきたいと思います。

2011年9月

星海社新書初代編集長　柿内芳文

SEIKAISHA SHINSHO